AF272238

Författaren

Författaren John Cardesjö gillade utmaningen i att skriva en bok.

John kommer ifrån Trollhättan och Vänersborg, han har Kandidatexamen i Industriell Ledning och Organisation ifrån Högskolan i Skövde samt studerat Entreprenörskap på Handelshögskolan i Göteborg och Idrottsvetenskap på Pedagogen.

John har varit aktiv inom idrott av olika slag och de mest prestigefyllda prestationerna består av Järnmannen triathlon i Kalmar 180 km cykel, 42 km löpning och 3800 m simning. En Svensk Klassiker och flera Göteborgsvarv med bästa tid 1,29. Löparmilen har gått under 37 minuten som bäst. Han har även prövat på kampsporter som Hanmoodo och MMA. Många år med Enduro som sport och tävlingar som C-kåsan, Ränneslättsloppet, 12 timmars på Kråk och körde gärna ifrån ettan till femmans växel på bakhjulet.

Sin värnplikt gjorde han som Jägare på Jägarbataljonen i Karlsborg K3.

Han har i många år varit verksam som installations-elektriker ett av Sveriges största elinstallationsföretag.

På det kulturella planet har körsång förekommit dels i Mannskören Harmoni men även i Studentkören Högskolan Väst, bägge i Trollhättan.

Tips

Läs gärna författarens första bok - Den Hemliga Resan – det är en spänningsthriller som är lättläst.

Kompisgänget som bor lite spridda i Sverige brukar träffas några gånger om året för att fira någon eller göra en resa tillsammans. Denna gången har de planerat en resa fylld av överraskningar för den i gänget som nyligen fyllt år. En ny medlem – som visar sig ha fler hemligheter än någon kunnat räkna med – presenteras. Även den stora kärleken dyker upp. De får till slut hjälp av försvarsmaktens hemligaste förband ifrån Karlsborg.

Gilla gärna Facebooksidan Den Hemliga Resan, där kanske både karaktären Anders Johnsson och mer tips och idéer ifrån författaren kommer upp.

Bragden i Berlin har även en egen facebook sida
där mycket relaterat till matchen ligger i tidslinjen,
gilla och följ, här kan även kommentarer till boken
göras och nya ideer skapas.

John Cardesjö

Bragden i Berlin

Förlag och tryck: BoD

ISBN: 978-91-74638233

Innehåll

Sverige-Tyskland

Mörkret började lägga sig och det blev svartare och svartare utanför. Det är inte sant, tänkte jag där jag stod, snart är vintern här och sommaren har passerat utan att man riktigt förstått. Undrar hur detta skall gå, att klara en hel vinter till utan värme och sol, det var i alla fall så det kändes. Utanför hade det någon gång redan blivit kallt på natten och det var inget bra tecken för mig som gillade sol och ljus. Inget fel på vintern, men när höstkvällarna började komma smygande med kyla och mörker så var i alla fall inte jag så stor. Jag tittade i almanackan när nästa röda dag skulle komma? Jag bläddrade månad efter månad och till min stora besvikelse hittade jag ingenting. Detta innebar jobb, jobb, jobb, fem dagar varenda vecka hela hösten fram till jul och det kändes som en evighet. Man måste ha något att se fram emot också, jobb är ju inte hela livet. Jag lade besviket undan almanackan och gick ut och fortsatte jobba, kanske skulle jag komma på något.

Två veckor senare pratade jag med, Christer, en vän, vi diskuterade det ena och andra då han plötsligt nämnde att han och några kompisar eventuellt skulle på VM-kvalmatch i Tyskland, nämligen i Berlin. Jag öppnade öronen och frågade lite hur upplägget fungerade med en sådan match? Visste att han hade varit i Kiev förut och var en stor fotbolls och idrottssupporter. Staden Berlin lockade mig verkligen och en fotbollsmatch utomlands vore väldigt kul. Jag hade aldrig varit en internationell fotbollssupporter. Det måste ju ändå vara rätt kul att klä upp sig i den gula tröjan och stötta det svenska laget framåt. Sammanhållningen borde vara stor i dessa grupper som hade samma mål. Det lät lockande och jag förhörde mig om det fanns en möjlighet att hänga på. Svaret blev att det måste kollas upp angående biljetter och poäng. Det enklaste var att bli medlem på sajten: (www. fotbollssupporter.se) och sedan ansöka om biljett där. Biljetten var tvungen att hämtas i Berlin på utvald plats. Till biljettinköpen fanns det ett poängsystem kopplat, ju fler matcher du gått på desto fler poäng fick du och desto större chans att få ny biljett. Matchen i Berlin skulle vara den 16 oktober vilket väckte mitt intresse ännu mer, det innebar ju en liten minisemester mitt i den långa tråkiga hösten som skulle komma. Jag kände direkt att det kunde bli ett perfekt avbrott i mitten av hösten med tanke på avsaknaden av röda dagar, samt staden Berlins lockelser. Jag meddelande Fredrik mitt intresse för att åka med och denne skulle kolla vad han kunde göra åt saken.

Det gick ytterligare en vecka och diskussionerna var heta om den kommande resan. Det verkade som att jag skulle kunna få åka med och jag kände en viss spänning inför detta. Mina tankar gick också till det utpräglade läktarvåld som man kunde se på tv ibland då det gällde huliganer som spårade ur. Jag hade ingen vetskap om hur det fungerade i verkligheten på landslagsmatcher och fick i mitt inre se en mängd våldsamma och slående huliganer. Tänkte att klarade de andra av att gå på match så skulle väl jag också klara av det. Tänkte även på Topboy, en teaterföreställning som även kallades för en huliganberättelse. Denna var väldigt realistisk i sitt forum och spelades av två killar som verkade kunna sin sak och enligt intervjuer ville de spegla det lockande med huliganismen. När jag hade studerat lite Youtubeklipp med huliganer från fotbolls-VM 2006 blev jag lite nervös över vad jag gett mig in på. Det var dags att lyssna med min vän angående min oro och enligt honom skulle det inte finnas huliganism på de svenska matcherna vilket var lugnande, men man visste ju aldrig vad som kunde hända och det gällde att hålla sig undan från problem. Samtidigt så kunde man ju inte stanna hemma på grund av tidigare händelser, utan det måste ju finnas lugna matcher också. Hur som helst var en liten semester efterlängtad och Berlin som stad och Tyskland som land skulle verkligen bli spännande att få åka till.

När ytterligare en vecka hade gått var det bekräftat att vi kunde få biljetter till matchen och att det snart skulle bokas hotell och flygresa. Resan skulle siktas på att vara från lördagen den 13 oktober till onsdagen den 17:e. VM-kvalmatchen i fotboll mellan Tyskland Sverige gick den 16 oktober 2012.

En månad senare

Dagarna gick och det var som vanligt jobbet som gällde förutom helgerna, men snart var det inte lång tid kvar till resan, något som jag på helt plötsligt kom på. Det skulle alltså bli Berlin och Tyskland som snart kom upp. Det kändes lite främmade och jag hade lagt det hela åt sidan för att fokusera på det vardagliga livet. Nu var det bara en vecka kvar och jag kände att det var dags att börja förberedelserna. Jag dubbelkollade reseförsäkringen, den privata samt vår allmänna ifrån Försäkringskassan, det senare genom att ta med försäkringsresekortet. Passet var fortfarande inte för gammalt även om det började bli det. Hade även fått order om att bli medlem i landslagets supporterklubb på: (www. fotbollsupporter.se)

Medlemskapet var klart och det var viktigt att ta med medlemskortet på resan för att kunna lösa ut biljetten i Berlin. Jag hoppades även att kunna få se de kulturella sidorna av Berlin om det fanns möjlighet. Det skulle bli tre kompisar på resan up-

pdelade på två stridspar vilket senare visade sig vara
en väldigt bra idé. Det blev Jag och Michael Karls-
son samt Christer Fredriksson och Magnus Härling.

Supportergruppen

Det var de fyra musketörerna som var ute på äventyr och snart var det dags att resa vilket var rogivande. Jag började fundera på hur vi kände varandra och kom fram till att det hela hade börjat runt 1998 då jag pluggade på Högskolan i Skövde och där träffade jag en hel del nytt folk. Genom föreläsningar och dylikt så träffade jag en klasskompis som gick i ettan när jag gick i tvåan på högskolan och denna kille hade sitt ursprung ifrån Lidköping. Vi tappade aldrig kontakten genom åren utan jag lärde känna hans kompisar och kompisars kompisar och här var vi nu redo för en VM-kvalmatch mitt i Europa. Michael kommer ifrån Örebro och är väldigt duktig på siffror och statistik som han pluggat i hela sitt liv. Han är oerhört idrottsintresserad och följer en massa idrotter året runt inom fotboll och skidor med mera och favoritlaget är Kalmar FF som han följer med enorm inlevelse och ofta också med vrede på just det laget då han vill att de skall vinna mera. Christer är en fullfjädrad Lidköpingskille och känner alla där, anser jag i alla fall. Hans stora intresse är idrott i olika former och han har varit på många VM-matcher med det svenska landslaget. Magnus kommer också ifrån Lidköping och har tillsammans med Christer varit på många VM- och EM-landskamper han också. Magnus gillar även trav och alla som kommer ifrån Lidköping älskar ju sitt bandylag Villa. Christer och Magnus har säsongskort på sittplatsen i Sparbanken Lidköping Arena. Om alla i gruppen är väldigt duktiga på att titta på sport så kan jag inte säga detsamma om mig egentligen för det är jag inte så bra på, för mig är det ingen självklarhet att sätta på tv och kolla på sport utan det måste vara en hjärtesak för att jag skall dyka upp och titta på en match. Det som för tillfället ligger mig närmast om hjärtat är, IFK Vänersborg, i elitserien i bandy, det har man lärt sig när man bor i Vänersborg, bandy är någotsom Vänersborg är riktigt bra på, de vill säga de ligger i högsta serien. Men för det ligger de aldrig i toppen utan ofta mitt i och det är ett tufft jobb att vara supporter, det sliter på hjärtat, men på det senaste har det gått väldigt bra. Detta innebär ju som ni förstår en del slitningar i derbytider mellan just Villa och IFK Vänersborg som ofta möts och det kan tidvis bli hårda tag mellan lagen. Bandyn är stor runt Vänern och bägge lagen har stora arenor som sätter just dessa Vänerlag till ett bandycentrum i väst enligt min åsikt. Personligen brukar jag tala en del om att nu är det också dags att något av lagen vinner elitserien och tar SM-medaljen till Västra Sverige.

Man kan fundera på hur vi fungerar i grupp och som individer och vi har väl alla våra olika sidor. Det kan vara svårt att specificera på ett objektivt sätt om man själv är i gruppen. Vem talar mest? Det kan variera väldigt och verkar grunda sig på vilket ämne man diskuterar. Är det sport så kommer killarna igång och det är de väldigt duktiga på, de har mängder med analystimmar framför tv och på arenor. Strategier och namn på spelare och idrottsmän kommer upp hela tiden och det kan gälla alla sporter. Mikael är väldigt duktig på sportkunskaper och namn både i nutid och i dåtid, samt att alla analyserar och bidrar. Den som kan minst är jag eftersom jag kollar minst, personligen har jag dock varit väldigt aktiv inom idrotten i alla år med allt ifrån fotboll, enduro, löpning, triathlon med svensk klassiker och Järnmannen i triathlon som tyngsta bragd. Det skapar en annan sorts kunskap som hur man tränar, hur kroppen reagerar osv. Ett annat favoritämne som jag har är entreprenörskap och idéförverkligande, precis som med den här boken. Hade jag inte varit en skapande person hade dessa ord aldrig skrivits så när grabbarna kollar på junior Hockey VM, så sitter jag och skriver istället med målet att förverkliga en idé. Det är väl detta driv som tagit mig framåt både inom idrott och högskolor. Så vem talar mest nu då inom gruppen? Ja det hela beror på vad vi talar om, eftersom vi har olika verkningsområden men i denna grupp talas det oerhört mycket sport, ibland bryter de av för att jag skall få lite utrymme också för andra funderingar.

För att komma in på matchen igen så tänkte jag använda mina vänner så att deras kunskap och erfarenhet kommer till lags samt för att ge andra åsikter än mina egna så därför ställer jag en del frågor till Michael och Christer.

— Hur många Sverige matcher har du sett Michael?

— Jag har sett många Sverigematcher genom åren. Mina första landskamper live var i samband med EM 1992 i Sverige. Det kändes som ett måste att vara på plats när Sverige arrangerade ett hemma EM. Man hade ju hört om Lars-Gunnar Björklund och Tommy Engstrand som varit på plats när Sverige hade VM 1958 så man ville ju själv vara på plats när Sverige fick stå värd för något så stort som ett fotbolls-EM. Sen har jag sett antal kvalmatcher på Råsunda under 2000-talet men har inte sett någon kvalmatch på borta plan utan det var min debut i Berlin.

— Hur många utlandsresor till Sverigematcher har du gjort?

— Det känns som ett bra koncept att åka på kvalmatch till EM eller VM och samtidigt göra

ett besök i en storstad, där kvalmatcherna ofta
äger rum. Jag vill gärna åka till en stad i ett väst
europeiskt land.

Har du någon favoritspelare?

– Jag har inga favoritspelare i det svenska laget,
men Zlatan står ju i en särklass och utan ho-
nom så skulle inte Sverige ha någon chans till
avancemang till VM. Tyvärr är det så illa att de
andra spelarna är flera divisioner under honom.
För mig handlar det mer om vilka spelare som
inte ska spela än favoritspelare.

– Hur trodde du att matchen skulle gå?

– Innan matchen hade jag inte någon tro på
svenska poäng i Berlin. Ett normalt resultat var
väl kanske 3-0 till tyskarna. Sverige hade inte
imponerat i matchen innan mot Färöarna där
man med nöd och näppe vann med 2-1, så tron
 på poäng fanns inte hos mig.

Ja det är med starka åsikter och en hel del erfarenhet som Michael på sitt sätt bidrar med sitt tänk till att matchen skulle vinnas med 3-0 till Tyskland så att det är inte bara jag som trott på förlust i denna kamp mot de väldigt duktiga tyskarna. Med dessa intressanta svar som grund, går jag vidare till en annan fantast inom fotbollen nämligen Christer Fredriksson.

— Hur många Sverigematcher har du gått på?
— Jag har varit på många Sverigematcher genom åren, säkert cirka tjugo hemma matcher.

— Hur många utlandsresor har du varit på?
— I Tysklands VM var jag på matcherna Trinidad/Tobago och Paraguay. I EM i Österrike och Schweiz var jag på Greklandlandsmatchen samt Spanien och Ryssland. I Ukraina, Polen var det EM och då var jag på matcherna mot Ukraina, England och Frankrike. Därefter har jag varit på ett antal EM och VM-

kvalbortamatcher såsom två stycken i Ungern, två i Danmark samt Tyskland och Finland.

— Har du någon favoritspelare?
— Nej, jag har ingen favoritspelare direkt, det har funnits många bra spelare genom tiderna.

— Vad tyckte du om resan till Tyskland?
— Är alltid skoj på och åka iväg på resor och att man får en match på köpet är extra skoj.

— Vad trodde du om Tyskland — Sverige matchen?
— Jag hade inga förväntningar på matchen direkt, eftersom Tyskland är ett av världens mest svårspelade lag och Sverige har alltid haft stora problem med dem.

— Hur kändes det som supporter inför matchen?
— Det är alltid kul att se på fotboll med sitt favoritlag.

— Vilket resultat trodde du på inför matchen?

— Jag trodde att det skulle bli 3-1 till Tyskland.

Ja även Christer trodde att Tyskland skulle vinna denna match och det var ju så att Tyskland ofta var favoriter. Men jag är klart imponerad av Christers erfarenhet ifrån utlandsresor till svenska matcher, det är ett antal resor som avklarats och som blivit av med åren. Jag vet också att inget av detta är sponsrade pengar utan eget inarbetat och ett gediget intresse för sporten som tagit Christer på dessa resor. Vad jag personligen trodde att match resultatet skulle bli kommer att framstå senare i boken, nämligen på tåget in till Olympiastadium där jag språkade med en tysk supporter.

Dagarna gick och snart hade vi mejlat rejält inom gruppen och fått kontroll på det hela vilket gav stabilitet i organiserandet och snart var det dags att göra denna resa och uppleva matchen som var planerad.

Lördagen den 13 oktober 2012

Efter en lång resa med bil mot Landvetters flygplats kunde vi snart svänga in mot långtidsparkeringarna. Vi var tre i bilen och vår fjärde medlem Magnus Härling skulle snart infinna sig på Landvetter. När vi letat ett tag så hittade vi en parkeringsplats och snart kånkade vi på väskorna.

Väl inne i den varma flygplatshallen letade vi upp vår tillika landslagssupporter och medlem nummer fyra. Snart var gruppen samlad och incheckningen var ett faktum. Vi var snart framme och stod lugnt och väntade i kön. Det gick dock sämre för en kille som försökte checka in med en borrmaskin som handbagage vilket inte var populärt hos flygpersonalen. I ett sista desperat försök pressade mannen in borrmaskinslådan i sitt huvudbagage, detta var säkert en god tanke om det inte varit för att borrmaskinsväskan var fem centimeter för stor. Huvudbagaget var omöjligt att stänga och därefter vet vi inte hur historien gick, vi fick dock några skratt på vägen in till tullen. Det kanske var lite elakt att skratta, men gråta det kunde vi bara inte så att det fick bli skratt istället.

När vi gått genom säkerhetskontrollen beställde vi in kaffe latte och öl enligt individuella önskemål och det kändes att det var semester. Det skulle bli spännande och skönt att flyga, flygbolaget var Air Berlin så vi förväntade oss tyska flygvärdinnor. En stund senare och efter en hel del snack var det dags att borda planet, vår gate blinkade och vi tog oss snabbt dit.

Det var redan kö och vi smälte in i ledet, boarding-kortet kontrollerades och snart gick vi in i gången, mot planet. Vid flygplanets entré stod flygvärdinno-rna och hälsade oss välkomna. Vi log och svarade artig tillbaka, därefter letade vi upp platserna och satte oss. Så var det äntligen dags för avfärd och den svarta asfalten på Landvetter väntade på att flygplanshjulen skulle lätta, Berlin var i antågande. Därefter kunde planet backas ut av en bogserare. Snart kände vi trycket öka och flygplanet starkt accelerera framåt. Jag väntade på det lilla rycket då hjulen släppte, men hade svårt att avgöra när det skulle ske. Det lilla hoppet kom snart och vi var i luften. Ett tag senare så kändes det stabilt och vägen uppåt var ett faktum.

Resan förlöpte bra och jag tittade ut genom det lilla fönstret då och då, det var kul att flyga flygplan. Semesterkänslan var på topp och Tyskland väntade med fotboll i första ledet, snart var det match även om Sverige säkerligen skulle förlora mot de avancerade tyskarna, men vad gjorde det, det fanns ju annat att titta på också. Var det jag som var en notorisk pessimist tro? Ja, det kanske det var, men jag visste att var jag inställd på förlust, något annat var ju bara positivt. Det var i alla fall så jag hanterade situationen med svenska landslagets fotboll, inte ville man bli allt för sårad.

Snart satte de igång en liten skärm som visade vart planet var och hur lång tid vi hade kvar att flyga, det gick väldigt fort. Vi skulle vara framme om 45 minuter. Flygvärdinnorna hade redan gått igenom planet och erbjudit kaffe, cola och vatten till passagerarna. Mina medpassagerare intog varsin öl och vi firade luftturen med en skål.

Snart var de 45 minuterna slut och jag var väldigt nöjd med att slippa åka buss alla milen ner till Berlin, detta gick ju mycket snabbare. Varningsskyltarna tändes och säkerhetsbältet spändes fast. Landningen var påbörjad och snart slog däcken på nytt i asfalten, landningen var mjuk och bra enligt min bedömning. Snart baxade planet till avstigning och passkontroll. Vi hade landat på flygplatsen Tegel mitt i Berlin, när vi tagit väskorna tog vi första bästa taxi mot Berlin Mitte och vårt hotell. Det diskuterades en del med taxichauffören på engelska och dålig tyska. Till slut kunde han lotsa oss till rätt hotell mitt i Berlin. Vi stannade, tog våra väskor ifrån bagaget och äntrade hotellet. Jag hade ingen aning om vart hotellet låg och kände direkt att det var dags att fråga efter en karta. Tyvärr hann jag inte så långt för det låg massa kompakta kartor på hotelldisken samt visitkort, av erfarenhet tog jag bägge. Vi tog hissen upp och rummet var helt okej. Uppackning av skjortor och en snabb vilopaus, därefter mötte vi de andra nere i receptionen och vandrade ut i staden. Med kartan i högsta hugg försökte vi orientera oss och jag var tacksam för de åren som jag lade som orienterare, dels i lumpen och dels i orienteringsklubben. Jag kunde min sak och det märktes i dessa situationer. Man hittade dit man ville och visste var man var vilket var mycket lugnande i en ny stad. Jag glömmer aldrig min vistelse i Prag då vi tidigt på morgonen baxade in bussen och gick in bakvägen på ett hotell för att därefter direkt åka till en stadsvandring. Vilket inte var kul i den varma hettan, helt utmattad efter en sömnlös natt på bussen. Jag tog då ingen karta eller visitkort med adress, det var rena turen att vi kom tillbaks till hotellet den gången, det var nära att det blev ett helsike. Med denna erfarenhet i ryggsäcken var jag extra noggrann med adresser och kartor.

Mitt i staden Berlin

Om jag kunde förstå rätt så hade vi hamnat mitt i Östberlin i stadsdelen Mitte, som det skulle heta. Kan det vara så att det helt enkelt betydde att man befann sig mitt i staden, vad visste jag om det tyska språket? Inte mycket, men jag hade dock läst tyska i ett år från åttan till nian i skolan. Där lärde jag mig ord som das, der, die och enklare fraser men mer kom jag inte ihåg med tanke på att det var ett bra tag sedan.

Alla fyra vandrade vi rakt ut i staden Berlin, och det med kartan i högsta hugg. Det var olika i gruppen om man gillade karta eller inte. En del vägrade använda sig av karta, men de var nog tacksamma för rätt som det var befann man sig mer eller mindre vilse, och det kunde spara många steg om man hade koll på kartan. Ganska snart dök det upp en stor knytpunkt vilket vi trodde var någonting som hette Hauptbahnhof på tyska. Jag läste på Wikipedia att detta var Europas största centralstation med fjärrtåg, regionaltåg, lokaltåg, pendeltåg och tunnelbana sammanknutet. Den invigdes i tid till fotbolls-VM 2006 och vi hade nu hamnat här sex år senare, men även då med fotbollstankar i huvudet.

Vidare gick promenaden mot ytterligare en knutpunkt och det var det tyska Reichstag. Jag läste att detta skall vara säte för Tysklands federala parlament sedan 1999. Här var det polisavspärrningar och även fullt med turister som vandrade ut och in och kamerorna blixtrade hela tiden. När vi strosat runt på området och känt av stämningen gick vi vidare mot Brandenburger Tor. Snart kom vi nära denna stora triumfbåge. På porten var det fyra hästar som drog en vagn som segergudinnan skulle köra. Detta var en mäktig syn att skåda och området var fullt med turister som strömmade fram. Med den tyska segergudinnan i åtanke stegade vi österut på gatan, Unter den Linden. Jag ville inte ha en tysk segergudinna efter mig, utan en svensk gudinna som lade grunden för en seger i fotbollsmatchen. Vi kom närmare och närmare, nämligen VM-kvalmatchen 2012 mot just Tyskland. Skulle det bli en förnedrande match mot tyskarna?

Det var ju inget lag vi brukade vinna över direkt, så jag såg lite negativt en stor förlust och en mindre förnedring framför mig. Detta kunde tänkas bli mycket negativt, men som sagt realisten inom mig tog över och det kunde ju i så fall bara bli bättre, vilket var lättare att leva med.

Snart var det dags för den första turistfällan och den gick jag i direkt. Jag äntrade affären och snart kom jag ut med min första bit av muren som bestod av en liten målad murbit fastlimmad på en plastkonsol som höll upp den på ett fint sätt. Med svarta bokstäver stod det "Berlin" och med blåa bokstäver "Die Mauer, THE WALL" 13.08.1961 – 09.11.1989". Det var inte alls så länge sedan muren föll och det kändes att man hade kommit närmare historien. Att ha sett det på tv gav ju ingen känsla alls för hur livet var i Tyskland innanför och utanför muren. Detta var mycket spännande och gänget diskuterade om att även upptäcka Checkpoint Charlie. Checkpoint Charlie hade under det kalla kriget varit en gränsövergång mellan Sovjetiska sektorn och Amerikanska sektorn. I söder låg

Kreuzberg vilket också var den amerikanska sektorn. Här hade flyktförsök från Östberlin gjorts och stridsvagnar hade stått öga mot öga.

Vi vandrade vidare och svängde av söderut på någon gata, snart hittade vi en restaurang och vi kände att det var dags att inta lite mat samt en äkta tysk öl. Saken var klar och vi beställde alla in en Weissbier vilket passade mig i smaken, det var den ölsorten som jag sedan också valde resten av resan. Weissbier serverades i ett högt kurvformat glas som var väldigt trevligt, ölet var grumsigt och man kunde inte se igenom det. Detta var ett överjäst veteöl som skummade kraftigt, och av den anledningen användes ofta höga glas. Senare på resan smakade jag även alkoholfri Weissbier och jag tyckte att den var godast. Vi satt där med våra öl och var väldigt nöjda. Det hade dock dykt upp ett annat problem och det var att tolka menyn som vi fått in, hur skulle detta gå till? Vi diskuterade olika val och jag ville ha något som var riktigt tysk och chansade mer eller mindre på något som lät annorlunda och bra. Sauerkraut mit Schweinhaxe, betyder surkål med fläsklägg, men det kunde vi bara ana oss till och valet blev ändå en riktig tysk klassiker vilket var roande. Det tog ett bra tag innan maten kom in och denna välgjorda fläsklägg var en rejäl köttbit som påminde om ett kycklinglår fast tre gånger så stor och på toppen omgavs köttet av en perfekt knastrande fettsvål. Denna hade de gjort perfekt och satte smak åt det sedan magra köttet som fanns i fläskläggen. På denna matbit hade vi att göra en halvtimme innan den började se uppäten ut. Jag orkade inte allt utan var tvungen att lämna kvar lite av köttet medan jag intog veteölet. Detta var minsann en riktigt tysk mat och ölklocka som ringde. Det kanske inte hade varit den mat som jag uppskattat mest men det var den absolut bästa kulturella matupplevelsen som vi kunde få när vi satt där mitt i gamla Östberlin.

Vi diskuterade återigen Checkpoint Charlie men beslöt efter en och en halvtimme att vandra vidare spontant genom staden. Promenaden fortsatte österut mot en bro och Schlossplatz, denna gång fick vi ta kartan till hjälp för att svänga vänster upp mot

Berliner Dom. Snart kom vi till ett nytt byggområde, ett av många i Östberlin. Det var väl sviterna från det gamla öst. Allt skulle restaureras och förnyas. Dessa renoveringar syntes minsann överallt och vi fick anpassa våra färdplaner.

DDR Museum

Snart kom vi in på ett område med en Berlinkarta målad på marken och massa pelare med information om de olika områdena. Detta var en riktigt stor Berlinkarta som var utsträck på marken. Det var många personer som gick runt och pekade, samt försökte lista ut var olika platser befann sig på kartan. Det var mer som en kulturell kartplats som såg rolig ut, men läste man på de olika flaggorna som var utsatta på specifika platser så kunde man få en hel del information.

Detta var inte långt ifrån Deutsche Demokratische Republik DDR museet såg vi på kartan så vi gick dit. Vi hastade över bron och insåg snart att museet inte var någon stor byggnad utan låg längst utmed kanalen med ett fik och restaurang bredvid. Man var tvungen att gå ner i museet som var lågt placerat. Efter att ha löst biljett kom vi in och fick se en massa foton, möbler, föremål och filmer som visade upp hjärtat i DDR, det vill säga tiden före 1989. Möblerna var små pinnträmöbler med gammalt tyg på och allt var väldigt litet. Det stod även en Trabant som var en östtysk bil, tillverkad mellan 1957 till 1991. Trabanten skall ha producerats i över tre miljoner exemplar samt varit exporterade till Polen, Ungern och Tjeckoslovakien. Trabanten var en liten bil som stod i centrumet av museet. När vi intagit DDR-atmosfären var det dags att avlägsna sig till restaurangen bredvid för att inta en kaffe latte. Detta var uppfriskande efter en lång promenad och museumvisit. Frågan var nu hur vi skulle komma hem. Men när vi studerat kartan var det bara att följa floden på den högra sidan så skulle vi snart närma oss hotellet.

Lördagskväll

Efter en vilopaus på hotellet var det bara att köra hårt. Vad skulle man göra i Berlin på en lördagskväll om inte att gå ut en sväng. Vårt gäng på fyra personer gav oss sakta ut i kvällen efter att ha samlats i hotellets foajé. Just nu var det ingen som ville läsa kartan så att vi hamnade där vi hamnade och vart vet vi inte riktigt än idag. Vi gick och gick och frågade oss fram, till slut kom vi till ett litet torg och där fanns det ett antal ställen som var öppna. Vi gick med bestämda steg in och blev snabbt upphämtade i entrén av serveringspersonalen som visade oss till ett bord. Bredvid oss satt ett kompisgäng i 30 och 40-årsåldern. Vi beställde in varsin Weissbier och lyssnade på den uppstämda musiken. Salen var stor och vi såg baren rakt framför oss. Salen svängde av 90 grader mot vänster och blev hög i tak, inåt hördes musiken och massa gäster som roade sig och åt mat. Vi var nöjda och mätta, så för vår del blev det bara öl och ett glatt humör. Längre fram satt det tre tjejer som var väldigt stilig-

a. Jag bestämde mig att det var dags att utforska resten av lokalen, reste mig och satte fart runt hörnet. Framför mig fick jag se ett tio meter långt bord som slutade vid ett litet dansgolv som kunde rymma cirka 20 personer. Fem personer dansade och musiken var vanlig discomusik med några klassiska låtar som spelades på radio, ofta kunde det enkla vara det bästa i musik, ingen idé att krångla till det. Lokalen var fortfarande inte till sin ända och den svängde denna gång av mot höger där ytterligare gäster satt och åt mat. Lite längre in hittade jag toaletterna en trappa ner.

När jag uträttat mitt ärende stegade jag sakta fram till dansgolvet och tog några små gungande danssteg. Det lilla dansgolvet var inte stort men det räckte till de få gäster som ville dansa i alla fall. Stämningen var hög och musiken var bra, detta var sannerligen mer en restaurang än ett diskotek, och jag undrade hur länge jag skulle stå ut på detta ställe. Det hade varit kul att hitta någonstans där det var mer människor och utbud, vilket man skulle kunna tänka sig i en storstad som Berlin. Men vi hade ju bara gått på måfå och fick ta det som fanns till hands för tillfället.

Tillbaks vid bordet med kompisarna fortsatte vi dricka av våra Weissbier och gänget som satt bredvid oss hade sannerligen sjungit med till de låtar som spelades. De var musikaliska och kunde en hel del texter. Detta var en gåva och begåvning, eller så hade man kanske tränat det under längre tid? De tog ton och dominerade lokalen som vi satt i, de var väldigt lyckliga då de sjöng. Det var kul att de hände saker och vi föll in i stämningen snabbt. Efter ytterligare steg på dansgolvet tyckte gänget att vi skulle söka oss till ett mer befolkat ställe, vi betalade och tog oss ut genom portarna och hamnade på torget utanför. Vi lyssnade och till höger om oss kunde vi höra musik spela. Vi gick med snabba steg dit och hittade till vår stora förvåning ett litet diskotek. Vi försökte att gå rakt fram in genom portarna men en vakt dirigerade oss till en betalning av tio euro och vi hoppades på det bästa. Snart var vi inne i ett smalt barhäng med baren till vänster, och bord samt stolar till höger. Vi tog av oss jackorna och höll dem i händerna tills vidare. Stället var fullt av människor och när vi kom längre in fick vi se dansgolvet rakt under oss på våningen nedanför. Dansgolvet var fullt och alla hade roligt, äntligen hade vi hittat ett bra ställe vi kunde roa oss på. Michael var på gång ikväll och snart hade han tagit kontakt med några tjejer bredvid oss. Det var alltid kul att prata med folk utomlands om man fick chansen till en bra diskussion. Baren var full och vi tog oss var sin drink. Michael hade börjat prata med en tjej och de verkade komma bra överens, de pratade intensivt och jag blev nyfiken på vad de avhandlade.

– Hur går det Michael? Vad pratade ni om?

– Jo det var en bra diskussion och det mesta handlade om Östtyskland. Hon var uppvuxen och bodde här med sina föräldrar. Före muren revs bodde de i Östtyskland. Hon trivdes bra men hennes föräldrar längtade tillbaks till den gamla tiden då det var öst av massa anledningar, de tyckte att sammanhållningen var bättre då.

– Okej, det var intressant, skönt att höra vad de som bor här tycker.

– Ja, verkligen. Sedan talade hon om att man kunde röka på vissa ställen på klubbarna och barerna eftersom de inte ville lägga ett rökförbud då de var rädda att tappa kunder. En annan grej var att det bara betalades med kontanter för det mesta.

Vi ställde oss och tittade ner på dansgolvet där det var full fart och bestämde oss för att ta oss ner och lämna in jackorna som vi hade i händerna. Snart kom vi ner till dansgolvet men det var kö till jackorna. En stund senare kom jag fram till den ansvariga tjejen som var i 50-årsåldern. Hon började prata på tyska men jag visade snart att jag inte kunde genom att svara på engelska.

– Hello how are you?

– I am fine and you?

– Very well thanks. I am starting to learn Eng-

   lish, it's a new language for me but I am trying.

– I think you are doing well.

– Thank you. Where do you come from?

– I am from Sweden.

– Ohhh, Sweden okej, yes there is some people

   from Sweden in Berlin.

– Okej, I said.

– There is a lot of tourist visiting.

– Okej.

– I hope that I will be able to learn more English

   after some time. I have learned it in some

   years.

Pratstunden fortsatte ett tag till och jag lärde känna tjejen med jackorna lite, hon förklarade att det var bra om vi kunde hämta jackorna vid femtiden eftersom det då närmade sig stängningsdags och jag svarade att vi säkert inte stannade så länge. Hon var väldigt personlig, vilket var givande och jag kände att hon ville lära känna oss så bra det gick i röran vid jackinsamlingen. Hon fick dricks med en gång. Det var kö på toaletten, men sedan tog jag mig raka vägen ut på dansgolvet till Michael som dansade med en tjej. Alla dansade och pratade lite mellan tonerna. Det var musik som jag kände igen och hört förut. Lite senare gick jag upp för att kolla vad Christer Fredriksson och Magnus Härling gjorde. De var i full fart med en ny Weissbier och hade skapat sig trygga platser i baren. När jag pratat med killarna och tagit en liten promenad runt baren var det snart dags att ta sig ner till dansgolvet igen. När dansen var slut fick vi en pratstund med tjejerna och de kunde lite engelska så att det gick att prata i alla fall. Vi fick reda på lite saker som att Potsdamer Platz endast var till för turister. Vid vidare förklaring förstod vi att Potsdamer Platz låg väster om Checkpoint Charlie som vi hade lite koll på. Potsdamer Platz hade spelat en roll i historien under 2:a världskriget men var numera uppbyggt, och där låg även huvudkontoret för Sony, samt shoppingcenter och biosalonger med mera. Efter ytterligare utfrågningar kom vi fram till att cykel var väldigt vanligt transportmedel, men även att Kreuzberg hade restauranger ifrån världens alla hörn. Konversationerna gick och kom, men snart var klockan sen och vi bestämde att det var dags att dra sig hemåt. När vi äntligen kunde hämta ut jackorna, kom vi ut i den mörka höstnatten och började gå hem mot hotellet. Lördagsnatten var slut.

Söndag förmiddag och så snabbt ut i Berlinlivet som möjligt. Dagens färd skulle gå till Checkpoint Charlie samt det Judiska Museet. Vi ville åka tunnelbana för det verkade spännande och kanske besvärligt, men Michael var duktig på just spårvagnar. Vi gick snabbt över till vår lilla favoritrestaurang rakt över gatan i stadsdelen Mitte. Vi beställde varsin Kleine Fruhstuck som snart serverades av en underbar personal. Tallriken var fylld med fetaost, kalkonskivor, sylt, två brödstycken, lite kiwi, skinka, och till det beställde jag en latte. Vi smådiskuterade dagens planer och njöt av tillvaron av att vara lediga. Det var skönt att befinna sig mitt i Berlin denna söndag och äventyret som väntade framför oss. När toalettbesöken var överstökade var det dags att styra mot närmaste U-Bahn och snart hade vi hittat en nedgång till tunnelbanan. Vi gick nerför trapporna till närmsta automat där man kunde köpa biljetter. Michael kastade sig rakt på uppgiften och hittade snart rätt val på knapparna, jag gjorde likadant som Michael och det kostade sex euro för en heldagsbiljett vilket passade oss bra. Plötsligt dök det upp en tjej och presenterade sig, hon var ifrån Singpore och ville ha hjälp med att köpa en biljett. Vi löste detta och tog om proceduren. Hon skulle också till Checkpoint Charlie och vi tog sällskap i tunnelbanan. Vi åkte några hållplatser men var snart tvungna att gå av eftersom det förekom byggnation av bansträckningen. Väl uppe ur tunnelbanan försökte vi leta oss fram på gatorna. Under vimlet av människor och tvekandet av vägval tappade vi bort Singaporetjejen. Till slut fick vi ta upp kartan som räddade oss ur situationen. Nu visste vi precis var vi var och gick söderut på Friedrichstrasse mot Checkpoint Charlie. Det var några kvarter att gå och det var bra kondition, samt efter 30 minuters gång skulle man börja ta på fettreserverna vilket var välkommet. När vi gått ett tag så såg vi den stora skylten med den amerikanska soldaten på, nu var vi framme och detta var spännande. Checkpoint Charlie var alltså en gränsövergång mellan amerikanska zonen och den sovjetiska, mitt i gamla

Östberlin. Muren föll ju 1989 men före det var det hårda tag. Detta kom vi att läsa om på den informationsplats som låg i anknytning till platsen. Inom informationsområdet kunde man följa och läsa om historiska händelser som utspelats på platsen angående muren. Människor som försökt smuggla sig över i bilar samt hoppat över muren, blivit skjutna och dött på plats. Detta var den bisarra verklighet som rådde runt området på den tiden. Det kändes att man kunde vara glad för att man bodde i ett demokratiskt land där det rådde fred och inte krig. Vi lyckades även fota modeller som var utklädda till amerikanska soldaterna ifrån den tiden. De tog betalt och tjänade en slant vilket verkade vara ett kul yrke eller extraknäck. När vi ha tagit fullt med foton så fortsatte vi mot Judiska museet. Detta låg ännu mer söderut och kartan kom fram igen, men snart satte hungern in och det var dags för en paus. In på närmsta café och denna gång blev det latte samt en macka som smakade bra. Vi rastade en halvtimme men tog sedan fart söderut, genade mot öster, kom till en gata och

satte fart söderut och där låg det Judiska museet.
Först var vi tvungna att passera en säkerhetskon-
troll med röntgen precis som på flygplatser och det
verkade ständigt stå poliser utanför för att ge in-
formation. Säkerheten var stor på museet och man
förstod att det fanns anledningar till det. Väl inne
var det riktigt mycket personal med kommunikati-
onsutrustning. På varje avdelning fanns det perso-
nal som kontrollerade oss besökare men även gav
information om vi frågade. Muséet var byggt på ett
annorlunda sätt och det var svårt att hitta genom
byggnaden, vi gick vilse ett par gånger. Här fanns
det också massa information att läsa vilket vi gjor-
de. Snart kom jag till Garten des Exils vilket bestod
av 49 betongpelare som på toppen beväxtes av
ryska olivträd. Där fanns även ett högt rum med
ansikten utbrända i stål utspridda på golvet, alla
hade olika ansiktsuttryck och de fanns i massvis.
Detta var påminnelser om förintelsen och vad som
hänt under andra världskriget. Vi tog tid på oss och
muséet var större än vi trodde, flera timmar senare
kom vi ut på gatan igen.

Vi hade smskontakt med resten av gruppen och de hade satt sig på Alexander Platz dit vi nu skulle bege oss. Vi diskuterade olika alternativ för att ta oss dit men beslöt oss att ta tunnelbanan vid Stats-mitte och sedan gå av vid Klosterstrasse. Statsmitte var en enkel station att orientera i och vi hittade snabbt rätt. En bit ifrån oss stod det fyra svenska killar och dividerade om vilken station som var lämpligast att gå av vid och ingen av dem hade kar-ta vilket väckte en viss oro hos dem. Det är ju inte helt enkelt att komma rätt i en ny stad. Tåget gick och vi skulle bara fyra stationer bort vilket snart var avklarat.

När vi kom upp vid Klosterstrasse kunde vi se det höga tvtornet en bit bort. Vi gick snabbt neråt gatan och skickade samtidigt sms till våra färdkam-rater som satt på en restaurang inte långt bort. Det verkade dock vara lättare sagt än gjort att orientera via telefon och Michael försökte förtvivlat gång på gång att finna rätt ställe. Han ringde Christer Fre-driksson som förklarade vilka kyrktorn, tvtorn han såg och vilken gata han satt på men de hade ingen

karta med sig och det uppstod problem. Vi hade
fått en gata nämnd och det var Spandauer Strasse
som vi följde norrut. Vi letade förtvivlat vid Rath-
haus Strasse men fortsatte sedan mot Karl Lieb-
knecht Strasse och då lättade det. Vi hittade direkt
restaurangen Block House som vi entrade och fick
se Christer Fredriksson med den gula svenska fot-
bollströjan på sig och snart var det match mot Tys-
kland. Stämningen var på topp och vi beställde in
en Weissbier och pratade fotboll. Zlatan nämndes
och olika teorier om hur Eric Hamrén skulle ställa
upp laget.

Vi beställde in lite mat och det blev ytterligare en
klassisk tysk rätt som bestod av Currywurst. Det är
en bratwurst, det vill säga stekt korv med tomatsås
och pommes frites samt rejält kryddad med curry.
Jag slog på Wikipedia och fick fram att Bratwurst
härstammar från 1432 och kommer förmodligen
från Thuringer. Det var alltid kul att få reda på lite
om det som man äter, särskilt i andra länder.

Efter ett par timmar på Block House var det
dags att röra på sig närmare mot hotellet. Vi betala-

de och gick västerut mot DDR Museet, på vägen stannade vi och köpte kylskåpsmagneter vilket blivit en traditionell sak i gänget, det var alltid kul att köpa med sig lite minnen ifrån resorna och de gjorde sig bra på kylskåpet, samtidigt glömde man inte av resorna för snabbt. På en stod det: "YOU ARE LEAVING THE AMERICAN SECTOR". På en annan: "GERMANY AUGUST 61 CHECK-POINT CHARLIE". På ytterligare en magnet stod det: "BERLIN CAPITAL CITY OF GERMAY". Jag köpte alla tre, de skulle göra sig bra på kylskåpet hemma.

Vi passerade sedan DDR Museet och följde gatan ända till Friedrichstrasse, vek där av norrut mot hotellet men stannade till på ytterligare en restaurang. Vi blev glatt mottagna av en manlig servitris som hälsade oss som svenska fans och visade oss till våra kamrater som han sa, detta var ytterligare ett svenskt gäng som kom ifrån 08-området, de hälsade oss välkomna och vi satte oss. Diskussionerna satte genast igång om Sverige och chanserna mot Tyskland i den kommande matchen. Berättelser om olika händelser ifrån andra VM-matcher kom fram och Christer Fredriksson kände igen en del av grabbarna. Servitören som hade en väldigt aktivt säljande attityd levererade oss det största han kunde sälja nämligen en hel liter öl. Vi satte genast igång att dricka och jag tänkte att detta kommer att ta ett tag.

När vi samtalat med ytterligare två inkommande fotbollssupportrar om ingående beskrivningar på var vi satt så anslöt även dessa, och nu var vi ett rejält gäng med gula tröjor. Ytterligare fotbollshistorier drogs och även den berömda fläskläggen Sauerkraut mit Schweinhaxe beställdes av de nytillkomna. Grabbarna såg nöjda ut och minerna när fläskläggen kom in var betydande. Dessa supportrar hade inte heller ätit denna maträtt förut och de var tämligen förvånande över att fläskläggen var så stor. Det åts för fulla muggar och servitören ville hela tiden sälja mera öl men stockholmarna fick mycket bestämt förklara att det var bra som det var och servitören gick besviken iväg därifrån. Kvällen fortsatte med olika former av fotbollssnack om taktik, spelare, Hamrén, Olympiastadium och Swedish camp som skulle vara på tisdagen någonstans vid Alexanderplatz. Kvällen började falla på och utgångens sena timme igår gjorde att man blev trött och lite gäspig. Imorgon skulle det bli nya tag med bland annat biljettutlämning till matchen. Det var dags för sängen och hotellet väntade.

<h1 style="text-align:center">Måndag 15 oktober 2012</h1>

Det var dags för den vanliga frukosten på caféet mittemot hotellet och som duo skyndade jag och Michael nerför trapporna, vi skulle göra Västberlin. Eine Kleine Frustück bitte var den traditionella frasen som vi hade lärt oss. Snabbt intog vi kaffe latte och kiwi för att snart komma ut i den friska luften och det fina värdet som hade kommit. Denna gång gick vi med bestämda steg mot Hauptbahnhof som inte låg allt för långt bort.

Väl framme började jakten på att få tag i rätt färdmedel på denna mycket stora centralstation. Michael for fram genom salarna med sikte på hastighetsrekord, men plötsligt passerade vi en informationslucka och jag stannade till. Det var bara en person före i kön och snart kunde jag fråga efter vägen till Zoologischer Garten som låg i Västberlin. Damen framför mig sade ett nummer och pekade uppåt och jag bad henne att repetera vilket hon gjorde. Med numret i minnet rusade vi upp tills vi kom upp till markplan och vanliga tågspår. Direkt fick vi se vår anknytning och förstod att det skulle bli ett snabbtåg som färdmedel.

Vi väntade i åtta minuter och tåget kom susande, folk trängdes och alla skulle på samtidigt, men alla fick plats och tåget åkte. Tåget passerade stationerna och snart var vi framme, denna gång skulle vi titta på Kaiser Wilhelm Gedächtniskirche som låg väldigt nära stationen. Detta var en kyrkoruin från andra världskriget. Vi såg kyrkan så snart vi fått distans till stationen och väl framme gick vi in i den. Jag satte mig på en bänk tog en tyst minut samtidigt som jag beundrade byggnaden. Jag reste mig och gick runt för att lyssna på en guide som talade tyska men det var ju inte mitt bästa språk. Jag gick vidare till ett altare fullt med tända ljus, betalade en euro och tände ett ljus samtidigt som jag begrundade lågan. Detta var en minneskyrka som hade varit Berlins högsta byggnad med sina 133 meter. Jag var tacksam för att den stod kvar och påminde om det krig som varit. Tittade man uppåt kunde man se hur kanterna på väggar och tak framkom. Dessa slutade tomt hängande i luften och bildade ruinen som var välvårdad. Jag hade svårt att se framför mig hur bomberna hade slagit sönder byggnaden och förorsakat hålen.

Efter mycket historieläsning i ruinen tog vi oss ut och promenerade mot Kurfürstendamm som är Västberlins affärsgata med stora varuhus och internationella lyxmärken. Personligen stegade jag in i en Adidasaffär och köpte en svart Adidasmössa med bra passform. Här fanns det mycket som handlade om fotboll och expediten frågade var jag kom ifrån och när jag nämnde Sverige lyste han upp och påminde om matchen som skulle gå imorgon. Jajamän jag skall dit, sa jag på någon form av tyskengelska men han verkade förstå min lösning på kommunikationen. Jag var nöjd med inköpet och besökte även den närliggande Pumabutiken.

Vår nästa destination var det stora Varuhuset KaDeWe, Kaufhaus des Westens vid Wittenbergplatz. I detta varuhus brukar det passera ungefär 40 000-50 000 kunder dagligen, vilket är en rejäl siffra och det är även ett av Europas största varuhus efter Harrods i London. Det skall finnas runt 400 000

artiklar varav cirka 1 300 vinflaskor och 1 300 ost-
sorter för den som vill pröva någon delikatess. Här
finns alla märken som man kan tänka sig av det
finare slaget men jag fastnade själv för ett norskt
plagg som jag aldrig sett förut. Jag kände på de kva-
litativa jackorna som minsann verkade vara gjorda
för nordiska klimat. Tänkte på den kommande vin-
tern som snart skulle slå till i gamla Svedala och
ryste när diset ifrån Vänerns vatten skulle drabba
mig med sin närhet. När jag gått fram och tillbaka
ett tag såg jag att Michael minsann var på väg att
köpa sig en skjorta för 1 200 kr men efter några
förfrågningar om passformer blev det ingen affär.
Vi avvek och vandrade ut på Tauentzienstrasse för
vidare gång mot Ubahn. Klockan hade sprungit
iväg och dagens biljettutlämning inför VM-
kvalmatchen skulle snart ske i närheten av Check-
point Charlie i Östberlin. Denna gång var tunnel-
banestationen inte så stor och vi hittade snabbt rätt
tåg mot Stattsmitte vilket vi hade planerat för. Det
var skönt att slappna av i vagnen när den tog fart i
tunnlarna, till skillnad mot varuhusen var det inte

lika mycket folk. Jag tittade slött ut genom fönstret när skylten Gleisdreieck dök upp. Vi hade kommit halvvägs och det var bara att luta sig tillbaka och slappna av.

Med snabba steg gick vi upp vid stationen Stadtmitte som vi nu började känna till. Vi gick mot söder och var snart vid Checkpoint Charlie där resten av gänget skulle sluta upp. Det var meningen att vi skulle hämta ut biljetterna samtidigt, men snart fick vi ett sms om att de fått förhinder. Michael visste vilket hotell det handlade om och kartan kom väl till pass och vi letade upp Mauerstrasse 81-82. Kön av svenska supportrar hade redan börjat och vi svängde snabbt in i ledet. Köandet bestod av en hel del fotbollssnack och diskussioner om hur Sverige skulle klara av matchen mot Tyskland. Någon var riktig debattör i ämnet och gick på lite väl hårt, annars var det väldigt lugnt i kön. Medelåldern var runt 30 år och snart var det dags att visa körkort eller pass. Det var inga problem, jag fick ut min biljett direkt och Michael också, därefter blev vi erbjudna att köpa Svenska Fotbollsförbundets mössa och halsduk för 150 kronor, vilket jag slog till på direkt. Det gällde ju att visa de rätta färgerna på matchen, jag hade även lånat en Sverigetröja inför matchen. Det skulle vara 5 000 svenska fans i Berlin vid det här laget ryktades det om, svenskar fanns dock överallt. När vi minglat ett tag bestämde vi oss för att återgå till Checkpoint Charlie och inta en matbit samt invänta resten av gruppen. En restaurang med diverse pasta var vi nöjda med och slog oss ner i två soffor av mjuk kvalitet med höga armstöd, bredvid oss satt två tjejer i 25-årsåldern som verkade vila ut i fåtöljerna. Efter ett tag bröt jag tystnaden eftersom de pratade engelska, några fraser senare kom vi fram till att de var från Australien och hade jobbat i Berlin och Frankrike i ungefär ett år. Jag blev inspirerad eftersom jag själv tillbringat fyra månader i det vackra Australien, landet med de långa stränderna. Vi diskuterade landet och dess potential samt att de nu skulle bryta sin vistelse i Berlin för att ta sig till London och förhoppningsvis jobba vidare där. Jag rekommenderade dem då att absolut besöka Sverige. Göteborg och västkusten och varför inte Stockholm. Jag påminde dem om att Australien var ett land utan öar eller i alla fall väldigt få och de skulle möta den totala skillnaden på den svenska västkusten och rekommenderade då Smögen som resort. De tittade på mig och sa att de aldrig hade hört talas om platsen, vilket kanske inte var så konstigt. Jag kunde bara hoppas på att de skulle ta sig till Sverige och turista, det fanns ju verkligen natur och städer att besöka för de som inte var vana vid vår fauna. Jag brukade informera om våra landskap och kanske spred sig ordet och turisterna strömmade till.

Rätt som det var fick vi ett sms om att gänget var samlade vid en pub i närheten. När vi ätit upp maten tog vi oss närmsta vägen dit och gruppen hade utökats till sex personer. Alla var glada och spänningen ökade inför matchen som skulle gå av stapeln imorgon. Biljetterna var uthämtade vilket vi kände oss trygga i och kunde nu slappna av. Några av grabbarna hade de gula landslagströjorna på sig, vilket väckte en väldig respons hos tyskarna. Många kom fram och önskade lycka till, en person förstod vi inte riktigt vad han menade, även om han tecknade för fullt med tummarna och armarna. Det var ju inte lätt när man inte kunde språket. Två killar i 25-årsåldern kom fram och talade engelska med oss och de ville köpa biljetter som ställde dem mitt i den svenska klacken. De frågade var vi köpte biljetterna och vi pekade mot hotellet. Mer kommunikation blev det inte och det var lika bra det. Den enda slutsatsen jag kunde dra var att de helt enkelt inte gillade det tyska laget och några biljetter ifrån Mauerstrasse hotellet kunde de heller inte få för alla där var förbokade via den svenska fotbollssupporterklubben. De fick förmodligen vara utan, helt enkelt. Timmarna gick, kvällen satte in och grabbarna var lyckliga över den kommande matchen. Snacket gick och snart var det pubrunda på den sena timmen. Jag tackade för mig och började vandra mot hotellet för att vila upp mig inför den stora dagen, men när jag kommit uppåt Friedrichstrasse så passerade jag stora skyltfönster. Till min stora lycka upptäckte jag att affären var öppen och att det var en bokhandel. Jag vände om och gick in i entrén där

66

värmen och ljuset vällde emot mig. Detta var ett bevis på att jag hade hamnat i kulturhuvudstaden som någon som hade sagt. Belysningen lyste över alla böckerna som jag hade framför mig och jag kände mig lycklig när jag nu kunde välja och vraka ibland böckerna, det var bara ett fel, de var på tyska. Jag gick mellan avdelningarna och kände igen författarna samt omslagsbilderna men att förstå titeln kanske inte alltid var så lätt och ännu mindre det tyska språket. Efter ett tag fick jag fråga efter den engelska avdelningen, vilket visade sig ligga långt bak i lokalen. Jag hittade dit och kunde nu förstå alla titlar och valde med omsorg efter en bok att köpa. Jag befann mig på Dussmann das Kultur Kaufhaus. Kunderna som gick på engelska avdelningen kunde man inte avgöra om de var britter eller tyskar. Jag passerade spänningsromanerna och hittade lite annorlunda titlar. Engelska var ett språk som man lagt mycket tid på i skolan. Det svåra var när det kom britter som hade en stark accent på sin engelska, men i de fallen hade till och med engelsmännen själva sagt att de hade svårt att förstå accenten. Den klassiska BBC-engelskan man kunde höra på tv gick väldigt bra att förstå. Hylla efter hylla försvann och snart hade jag hittat en bok som jag fastnade för, dags att gå till kassan. Efter ett vänligt bemötande från expediten så knallade jag ur affären och tog sikte mot hotellet, denna dag var över och det skulle bli skönt att få vila lite.

Vi satte full fart mot Camp Sweden. Idag var alla laddade, det var ju matchdag. Alla hade vi på oss den gula tröjan som vid det här laget redan var igenkänd hos det tyska folket. Då och då hälsade folk på oss och önskade oss lycka till, vi tackade och hälsade artigt. Det var ju noga med att skapa en positiv stämning och ett bra rykte för Sverige och svenska supporters. Det var ju trots allt en VM-kvalmatch och två så stora nationer som Tyskland och Sverige skulle mötas. Vi var bara små brickor i spelet men ändå drog vi vårt till stacken för att detta i mångt och mycket skulle bli en lyckad match. Vi gick med bestämda steg mot Alexander Platz, vi hade koll på var det låg men inte på var Camp Sweden var. Detta hade vi inte lyckats lösa trots en del informationssökning och vårt hopp låg nu på andra svenskar som skulle dit. Kartan var inte mycket till hjälp om man inte visste vart man skulle.

Efter en hel del gående anlände vi till Alexander Platz precis öster om tvtornet. Hit men inte längre hittade vi. Nu var vi lämnade till vårt öde och stod med sökande blickar efter en lösning på problemet. Men 5 000 svenskar kunde ju inte ha fel, efter fem minuters väntan kom det en gedigen skara med en gul supporter i täten.

>   – Vart skall vi? Hittar ni vägen?
>   – Ja vi har lagrat in koordinaterna i mobiltelefo
>   nen!
>   – Härligt då hänger vi på!
>   – Ja vi hoppas på att detta skall stämma i alla fall!

Vårt lilla gäng på sex man tog följe i den större klungan på cirka tio man. Vi fortsatte gatan fram i några hundra meter för att komma fram till vårt mål som vi då fått reda på var München Hofbräuhaus. Detta var en fyrkantig tvåvåningsbyggnad med mängder av bord att sitta vid och vi möttes av tysk pompa pompamusik. Snabbt tog vi första bästa bord som erbjöds, innan det blev upptaget. Swedish camp som detta hette var öppet mellan 12.00 och 18.00 men vi var ute i god tid. När vi hade slagit oss ner tog det inte lång tid förrän en liten smal tjej kom och tog våra orders. Hon var vår värdinna för resten av vistelsen på Swedish camp och tog väl hand om oss. Snart kom hon tillbaks med varsin Weissbier och grabbarna var hungriga, så någon tog den klassiska fläskläggen och någon currywursten. Det var väldigt lugnt på stället, men det fylldes på hela tiden med nya svenskar som kom in i restaurangen och bompa bompamusiken löd sitt ständiga takthållande. Ibland då och då bytte bandet låt och sång men takten var allt samma hela tiden. Det fanns två försäljningsställen och det ena var bemannat av två tjejer uppklädda i kjol och de hade ett väldigt glatt humör. De stod utrustade med den svenska flaggan i topp och målade kinder. De var välklädda i gult och blått.

Ett företag stod och sålde fotbollsresor vid entrén och detta var väl rätt ställe att göra det på, det måste ju vara deras målgrupp som var här. Restaurangen var väldigt stor och musikbandet höll till i mitten med bord och gäster runt omkring sig, alla var på glatt humör och stället fylldes hela tiden på med svenskar.

När vi suttit ett tag vid bordet, var det dags att kolla övervåningen, varav jag och Michael tog oss med bestämda steg upp mot övervåningen. På halva vägen möttes vi av en kö in mot toaletterna. Killarna hade även tagit över tjejernas toa vilket inte var mer än rätt fast det fanns dock en del tjejer med och när de med sin blotta närvaro kom in i toakön lämnades de genast företräde. Tjejerna var glada och lyckliga över detta och gick snabbt före i kön med all rätt. Men fotbollssupportrar är väl enligt mitt tycke till 80 - 90 procent mest bestående av män.

Andra våningen var redan full med folk och här var det mer drag i form av lite rockigare musik och väldigt glada människor. Efter att ha vandrat runt ett tag upptäckte jag även en vakt med en iögonfallande kroppshydda och tatuering över huvudet. En sådan kille väckte respekt och det räckte nog med att han visade sig så höll sig de flesta lugna.

Snart var det dags att gå ner igen och infinna sig i resten av sällskapet, tiden gick och matchen kom närmare. Vi började planera hur vi skulle ta oss till arenan, en del föreslog taxi och andra Ubahn från Alexanderplatz.

Då var det dags att gå och jag och Michael beslutade oss för att ta Ubahn och resten av gänget pratade om taxi. Vi gick mot Ubahn enligt anvisningar och började trava mot Alexander Platz. Det var inga problem att hitta Ubahnskylten på Alexanderplatz och vi gick med bestämda steg ner mot perrongen och det första vi såg var två svenska fans som försökte betala biljetter och vi var snabba med att upplysa om att fotbollsbiljetten gällde i tunnelbanan på väg till match. Vi pratade på och ställde oss på perrongen. Till slut kom tåget och vi satte oss i en vagn. Mittemot oss satt det två tjejer och det var svårt att avgöra deras ålder, de pratade och jag förstod att det inte var tyska. De tittade på oss och småfnittrade. Jag förstod att det var ett nordiskt språk de pratade, var det isländska? Ganska snart tyckte jag mig höra danskan som flytande pratades på. De hade såklart gissat att vi var svenskar och förstod att det var landskamp på gång. Rätt som det var stack en man fram huvudet och sade att vi får lycka till på matchen. Danskan var som vanligt svårtolkad men jag uppfattade vad han sade, skrattade och tackade. Förmodligen var det en dansk familj med mor, dotter och man som var ute och reste. Vi tyckte det var trevligt och sade några meningar på så artig och klar svenska som vi kunde. Alltid kul med våra nordiska grannar. Vid Wittenberg Platz gick familjen av och det blev lite tystare i vagnen, men vid nästa hållplats kom våra rivaler in i vagnen och dessa bestod av ett äldre tyskt par i 50-årsåldern. De var rivaler i form av att bägge hade tyska färger på sig och det var solklart att de skulle på matchen. Jag och mannen tittade på varandra och log samtidigt. Vi började försöka förstå varandra och jag pekade mot honom och sade på engelska att Tyskland fyra och Sverige noll. Han uppfattade vad jag menade och tyckte att jag var en pessimist vilket jag var också i detta fall. Han pratade vidare och förslog att Tyskland skulle vinna med fyra mot två istället och jag smålog. Det lät som rätt realistiska siffror och jag lät tysken ha sitt försprång i samtalet. Vi kom bra överens och respekterade varandra. Snart blev det tyst och vagnen fortsatte mot Neu West end som var stationen före Olympiastadium. Detta var platsen som var överenskommen om att vi skulle gå av och sedan gå ihop i samlad trupp. Vi hade ingen aning om hur många svenskar det skulle bli och jag var lite nervös om det skulle bli upplopp, arga tyskar som anföll i huliganformeringar eller något liknande. Men det var gott om svenskar och snart glömde jag dessa tankar. Tåget stannade och det var dags att gå av. Nu var vi vilse igen och fick förlita oss på gruppen. Men ett tag senare var det någon som sade att vi skulle åt det ena hållet, det var tyskar som visade oss vägen. Vi gjorde som de sa och kom upp till ett litet gäng svenskar på 30 personer som stod och väntade. En liten skåpbil sålde öl och folk köpte. Vi stod och avvaktade samt tittade på en tysk polisbuss som hade hissat upp sin kamera ovanför taket. Som jag hade förstått så var detta standard för polisen nuförtiden att filma supportrar och klungor då de samlades, detta förmodligen för att vid brott kunna rekognosera personerna. Detta var ett enkelt sätt att minska våldet på och jag hade inget emot den sortens kontroll då den sker vid speciellt riskfyllda tidpunkter då risken för våld är hög. Om den var det nu hade jag ingen aning om, men det är klart att man blev påverkad av polisövervakningen samtidigt som det ingav en trygghet. Höll de aggressiva grupper tillbaka så var ingen gladare än jag.

Det anlände hela tiden fler svenskar och snart började det bli en hel del fans som slöt upp. Alla hade sin dialekt när det pratade runt omkring oss och det märktes att folk kom ifrån hela Sverige. Vi stod nog vid Neu Westend i en och en halv timme och under denna tid blev det en mängd av svenskar. Hur många var omöjligt att säga men det var tillräckligt många för att imponera. Vart jag än tittade och så långt jag såg var det svenskar. Det anslöt ytterligare polisbussar till platsen och snart var det dags att gå i en stor gemensam samling mot Olympia stadium.

Rätt som det var tog en röst i polisbilens högtalare vid och välkomnade oss till Berlin och Tyskland. Den talade också om för oss att det var trevligt att så många svenskar kunnat komma och att det nu var hög tid att gå till stadion. En bil körde före oss och visade vägen till arenan och det var en bra bit att gå. Vi gick sakta och det var en mäktig känsla att vara i en sådan stor grupp. Rätt som det var började sången och den löd "Berlin det är våran stad, Berlin det är våran stad". Det var en liten form av invasion av Berlin och Olympiastadion. Sången löd med jämna mellanrum och alla sjöng i takt, det var ingen avancerad körsång men det räckte för att ge oss känslan av sammanhang, gemenskap, glädje och stolthet. Stolt över att vara svensk och tillhöra ett land som både var bra i idrott och hade stor historia bakom sig. Vi promenerade i lugn takt framåt och med jämna mellanrum stod det kravallpoliser i mörkblåa overaller. Poliserna var snaggade och befann sig i 25 till 30-årsåldern, de stod nästan i grupper och det var cirka fem killar och kanske en tjej i grupperna. Polisen påminde hela tiden om ordning och om våld, men det förstörde inte stämningen. Vi gick på och snart såg vi tyska supporters som stod och tittade på oss och ledet med svenskar som banade väg bakom polisbussarna.

Snart tornade den stora och underbara historiska tyska Olympiastadion upp. Jag tyckte att den var väldigt stor där den dök upp i fjärran. Vi passerade en parkering med ungefär ett tjugotal tyska polisbussar och poliser stod överallt. Vi kom fram till biljettkön och det var obligatorisk kontroll av kläder, och vakten kände över oss. Efter ett tag hade vi kommit igenom kontrollerna och det var en skön känsla att äntligen kommit in på den omtalade arenan. Vårt mål var nu att finna Block G4 Reihe 32 Platz 7. Snart hade vi hittat Block G4 och det var då ytterligare visitation av en vakt. Väl inne i denna gulblåa avdelning med mängder av svenska supporters, minglades det en hel del om matchen och alla var lyriska och lätt euforiska, samt spända. Folk sprang runt omkring och orienterade sig för att hitta till toalett, kiosken som serverade korv och hamburgare samt öl i speciella muggar. Klockan gick mot 20:45 och matchstart, det var då det skulle smälla igång. Vi hittade våra rader och platser och snart samlades Christer Fredriksson och de andra killarna i gänget, hur de kom till arenan fick vi aldrig reda på men de hade i alla fall hittat och det var huvudsaken. Alla var laddade, nu var det match och såklart skulle vi vinna, det var det alla ville och önskade.

VM Kval 2014

Ja det gäller alltså VM-kval 2014 som Sverige befinner sig i grupp C, av totalt nio grupper, det vill säga: Grupp A, Grupp B, Grupp C, Grupp D, Grupp E, Grupp H, och Grupp I. Varje grupp har sex lag, förutom i Grupp I där det finns fem stycken lag varav Spanien är det ena. Jag kommer presentera varje grupp för sig med respektive länder.

Grupp A: Belgien, Kroatien, Makedonien, Skottland, Serbien, Wales

Grupp B: Armenien, Bulgarien, Danmark, Malta, Tjeckien, Italien

Grupp C: Färöarna, Irland, Kazakstan, Sverige, Tyskland, Österrike

Grupp D: Andorra, Estland, Holland, Rumänien, Turkiet, Ungern

Grupp E: Albanien, Cypern, Island, Norge, Schweiz, Slovenien

Grupp F: Azerbajdzjan, Israel, Luxemburg, Nordirland, Portugal, Ryssland

Grupp G: Bosnien-Hercegovina, Grekland, Lichtenstein, Litauen, Lettland, Slovakien

Grupp H: England, Moldavien, Montenegro, Polen, San Marino, Ukraina

Grupp I: Finland, Frankrike, Georgien, Spanien, Vitryssland

Källa: (www.wikipedia.se).

Man kan ju diskutera vilka grupper som är de svåraste och då börjar jag titta på var de stora lagen ligger, och då menar jag Italien, Spanien, Tyskland, Portugal, England, Ryssland och Frankrike. Det är väl dessa lag som jag spontant känner kommer ifrån stora länder och säkert har en bra grund och urvalsprocess för att få fram bra spelare. Att hamna i Grupp C skulle kunna vara en kamp om just andra platsen då Tyskland anses vara en solklar vinnare av gruppen. Men vem vinner andraplatsen kan man undra och det med rätta. Vi har både Österrike och Irland, lag som kunde sticka upp medan spekulationerna om att Färöarna och Kazakstan skulle bli de sista i gruppen verkade möjligt. Sverige hade den 12 oktober vunnit mot Färöarna med två mot ett och då tagit tre poäng. Detsamma gällde den 11 september då Sverige vann mot Kazakstan med två mål mot noll.

2012

11 september: Sverige-Kazakstan 2-0

12 oktober: Färöarna-Sverige 1-2

16 oktober: Tyskland-Sverige

2013

22 mars: Sverige-Irland

7 juni: Österrike-Sverige

11 juni: Sverige-Färöarna

6 september: Irland-Sverige

10 september: Kazakstan-Sverige

11 oktober: Sverige-Österrike

15 oktober: Sverige-Tyskland

Källa: (Wikipedia "Bragden i Berlin").

Med detta spelschema och två klara matcher hade det skapats en tabell där Sverige låg med två vinster och därmed sex poäng i tabellen medan däremot Tyskland hade spelat tre matcher med nio poäng med sig och var därmed klara vinnare i nuvarande tabellen. Dessa matcher hade varit:

7 september: Tyskland – Färöarna 3-0

11 september: Österrike – Tyskland 1-2

12 oktober: Irland – Tyskland 1-6

Källa: (Wikipedia "Kvalspel till VM i fotboll 2014").

Den senaste matchen mot Irland övertygade om att Tyskland var ett väldigt starkt och vinsttagande lag som skulle bli väldigt svårt att slå. Att komma upp i sex mål var något av en utklassning som man inte ville vara med om utan det hoppades på ett starkare motstånd hos det svenska laget som hade duktiga spelare. Tyskland i ledningen på nio poäng mot resterande lag.

Tabellen Grupp C

1.	Tyskland	3	+9	9
2.	Sverige	2	+3	6
3.	Irland	2	-4	3
4.	Österrike	2	-1	1
5.	Kazakstan	3	-3	1
6.	Färöarna	2	-4	0

Källa: (Kanal 5).

Den svenska laguppställningen debatterades ofta livlig och många olika intressen kunde stötas mellan spelare och favoritlag men ett lag skulle ju tas fram och det fanns ju bara en förbundskapten och i detta fall var det Erik Hamrén som gällde. Kanal 5 med Claes Åkesson intervjuade Eric Hamrén precis innan matchen i Berlin och där gavs det vissa åsikter och analyser. På läktaren var det dock omöjligt att följa detta scenario utan vi fick finna oss i att se det hela på håll i Olympiastadium. Den svenska la-

guppställningen var dock klar och följande presen-
terades.

Uppställningen Sverige

1 Isaksson

2 Lustig

4 Granqvist

3 Olsson

17 Safari

16 Wernbloom

6 Elm

7 Larsson

10 Ibrahimovic

18 Holmén

11 Elmander

Källa: (Kanal 5).

Ja det var bara att hoppas på att Hamrén tagit ut det rätta svenska laget och att bästa möjliga effektivitet skulle uppstå med detta. Vidare hade ju även Tyskland ställt upp med ett lag och även de hade en förbundskapten och han hette Joachim Löw, även han intervjuas i Kanal 5.

Det tyska laget presenteras enligt följande.

Uppställning Tyskland

1   Neuer

20 Boateng

17 Mertesacker

14 Badstuber

16 Lahm

18 Kroos

7   Schweinsteiger

13 Muller

8   Özil

21 Reus

11 Klose

Källa: (Kanal 5).

Ja, att uttala sig och analysera det tyska landslagets spelare det är inget för mig som författaren så att den rollen tar jag inte, men det är ju fritt fram för läsaren att spekulera om lagets framställning. Det bästa är väl att se matchen från läktaren först och sedan när man kommer hem kunna se den på tv igen och få andra vinklar av den.

Matchen börjar

Snart kunde vi se Kanal 5 vid vår kortsida sända för fullt. Bakom målet var det uppsatt en ramp med tre reportrar som pratade. Klockan närmade sig och spelarna kom in på planen tillsammans med en orkester som snart började spela den svenska nationalsången, därefter följde den tyska och stämningen var på topp. Först började matchen med att hålla en tyst minut för Helmut Haller som bland annat spelade i VM 66 och tog med sig matchbollen hem, men lämnade tillbaks den 30 år senare. Klockan var 20:45 och bollen sattes i rullning och alla var på helspänn.

Jag och Michael stod och trampade och såg bollen rulla fram och tillbaka mellan spelarna. Nu var matchen igång och precis före hade jag köpt en öl i ett plastglas som jag lite nervös smuttade på. Någonstans därframme stod Christer och Magnus och tittade, tyskarna hade bollen de första två minuterna och väggspelade hela tiden med varandra. Plötsligt var bollen i straffområdet och det blev skott på det svenska målet. Jaja det var ingen bra början, kändes det som och tyskarna hade redan satt ner foten. Jag som var pessimist var inte förvånad och tänkte att det kommer bli mer av den varan. Tomas Möller var det som sköt skottet och det var farligt och det gick i Sveriges vänstra stolpe. Efter 2:40 in i matchen fick Granqvist bollen. Ja det blir svensk boll, tänkte jag men ett direkt felpass tog udden ur mig och bollen fortsatte vara tysk. Efter 3:50 fick Zlatan bollen och det gav ingenting, utan Zlatan föll ner på knä och domaren blåste av. Ja, svensk boll efter fem minuter och det första skottet på det tyska målet, men det gick strax över ribban. Samuel Holmén, nummer 18, slog till med sin högerfot. Tyskarna fortsatte dominant ha bollen hela tiden. Det var ingen svensk alls som hade boll utan tyskarna spelade hela tiden på ett säkert sätt mellan varandra och försökte på olika sätt komma in i straffområdet och hitta målchanser och det hela gav till slut utdelning.

Åttonde minuten

Tyskarna spelade fram och tillbaks på mittfältet, bollen byte ägare hela tiden och Sverige försökte komma fram men fick till ett felpass av Elmander. Tyskarna bröt, vände upp mot mittcirkeln och tog sig förbi ut på vänsterkanten genom nummer 16 till 18 tillbaks till 16 som passade nummer 21 långt fram i straffområdet. Nummer 21 vände sig om och la in den bakåt mot nummer 11, Miroslav Klose. Klose tog ett direktskott upp i vänstra krysset förbi den svenska målvakten som inte hann reagera. Loppet var kört och det första målet gick till Tyskland, som formligen jublade. Ställningen i Berlin var 1-0 och i högtalarna spelades det en välkänd låten och namnet Miroslav Klose, Miroslav Klose, Miroslav Klose, upprepades tre gånger av publiken i takt med instruktioner ifrån tvskärmen.

Matchen kom igång igen efter tyskarnas jubel och hela deras lagbänk var uppe, sprang och kramade om varandra. Bollen rullade och tyskarna fortsatte att dominera, men efter ett tag fick domaren blåsa då en lite tuffare konfrontation skedde. klimatet hårdnade helt enkelt och nummer 16, Wernblom, satsade för hårt i en situation. Merkel applåderade målet som gick i repris men statsminister Fredrik Reinfeldt var inte lika road.

I trettonde minuten var det första gången jag såg att Sverige passade till varandra kontinuerliga gånger, det vill säga runt en tio passningar innan tyskarna lyckades bryta och det var det första försöket till anfall enligt mig i matchen, vilket innebar att de inte kom mer än över mittlinjen och tyskarna fortsatte anfalla och ha boll.

14:45 in i matchen

Tyskarna gick till anfall igen på vänsterkanten och försökte pressa sig igenom det svenska försvaret men misslyckades. Bollen gick tillbaks mot en tysk spelare vid vänster mittfält som spelade upp och tyskarna spelade därefter vägg med varandra. Ett pass, två pass, tre pass, fjärde passet och bollen gick långt upp mot kort sidlinjen och en tysk spelare tjurrusade och fick bollen vänt i ett femte pass in framför mål där Miroslav Klose sparkade rakt mot Andreas Isaksson och fick retur och satte den i mål. Tyskarna jublade ännu en gång och samma låt spelades varje gång det blev mål.

2-0 till Tyskland. Vi behövde komma in i matchen igen och som det var nu, var tyskarna väldigt bra och ett av världens bästa omställningslag. Det gick väldigt fort när man bestämde sig för att gå i djupled från tysk sida och före det så hade de bollen ett bra tag. Miroslav Klose, Miroslav Klose, Miroslav Klose upprepades ytterligare tre gånger av publiken.

Sverige kändes inte organiserade och Tyskland hade full kontroll men det verkade helt enkelt vara så att Tyskland var så mycket skickligare i att hålla boll och Sverige såg helt enkelt virriga ut i det läget. Men vad skulle man göra? Man kunde inte mer än jaga och försvara då man inte hade bollen. Tyskarna gick vidare, hade fortsatt boll och skapade en hörna i sextonde minuten. Det kändes dock som om Sverige förhållande vis var starka i fasta situationer och denna gång nickades bollen direkt bort av svenskt försvar. Bollen gick direkt ner till den tyska målvakten bara för att vända om och få tyskarna till anfall på svensk planhalva igen. Svenskarna hade börjat med en defensiv uppställning och tyskarna dominerade fullständigt efter 17 minuter. Tyskarna hade boll och passningarna gick mellan vita spelare. Åtta pass var inga problem för dem och för första gången såg jag ett felpass som gick rakt utanför sidolinjen, vilket resulterade i svensk boll och ett snabbt pass mot Zlatan nära mål men det gav ingen effekt.

Personligen kände jag mig inte alls förvånad utan det var ju mer väntat av mig att detta skulle hända. Det var ju dock ett av världens bästa fotbollslag som vi mötte, det var det inget tvivel om. Även om ölen nu hade tagit slut, som jag mer eller mindre tröstdruckit så började det kännas lite misströstat att se tyskarna hela tiden inneha boll och vara väldigt dominanta i spelet. Det var ju inte riktigt det en svensk viking ville se. Men än så länge var det ju inte kört, det stod ju bara två noll än så länge, så hoppet hade inte fallit bort. Det fanns en gnista där någonstans som blixtrade till när svenska spelare fick bollen. Jag tittade mig runt omkring och såg alla gula supporters fokusera på matchen. Vi var väldigt gula alla svenska supporters och det var en fin syn att se. Det gav en bild om gemenskap och sammanhållning. Men denna samanhållning skulle sättas på prov!

Något hade hänt från och med den 22 minuten, svenskarna hade bollen i två anfall och satsningar mot Tysklands försvar. Det innebar att detta helt ensidiga tyska bollinnehav hade enligt mig blivit brutet. Bollen hade under en kort tid befunnit sig på tysk planhalva vilket väckte lite liv i mig där jag stod på läktaren och hoppades på Sverige. Det märktes också då den tyska publiken busvisslade och inte alls var nöjda med situationen. Det påverkade mig men jag försökte lyssna på de svenska rösterna mitt i det tyska folkhavet.

I den 25 minuten kom det första riktiga svenska organiserade anfallet med flera svenska spelare och Zlatan i spetsen, det gav en hörna och jag tyckte att matchen gick svensk väg för första gången. Hörnan plockades ner av Neuer. Man kan säga att det hade varit ett ställningskrig ett tag, spelet var lugnare, mer svensk boll och det kändes som om tyskarna med sin ledning två mot noll hade sänkt tempot och släppt in Sverige i matchen. Det var i alla fall så jag trodde att det var, de levde på sina två mål och tog igen sig lite. Hela tiden så skiftade det mellan försvar och anfall för bägge lagen, i ett rätt lugnt tempo om man jämför med tyskarnas totala dominans i början av matchen.

I 34 minuten verkade det som de hände något igen, tyskarna har ett enormt långt bollinnehav och satte pass efter pass och vips så låg det ett farligt anfall mot det svenska målet. Detta upprepade sig och det kändes att Tyskland fått in den snabba och kluriga växeln igen. Sverige hade svårt att hänga med.

38:e minuten

Tyskarna gick till anfall igen och sköt nära det svenska målet efter ett otroligt snabbt anfall. Påföljden blev en hörna och Zlatan nickade bort bollen från svenskt straffområde. Tysklands Kros fångade upp bollen och spelade bak till vänster, tysken tar emot och ny en passning på vänsterkanten direkt ut till Marcco Rois igen som gjorde ett inlägg. En djup boll som gick in framför det svenska målet. Den tyske spelaren nummer, 13 nickade, från höger målstolpe in mot mitten och svenskarna vände tillbaks men då var det försent. Märte Saccer, nummer 17, snabbt slog in bollen i det svenska målet. Det gick inte bra för Andreas Isaksson och Sverige.

Halvlek

Ja vad skall man säga det känns som att tyskarna har en skickligare växel att lägga in och det har de gjort nu och fått en klar utdelning efter att ha pressat i flera minuter. Detta grundas i skickliga kreativa passningar där man säkert och konstant hittar varandra och tillåter inte motspelarna att få bollen. Efter 3-0 målet så har Sverige och Zlatan ett anfall resten anser jag att tyskarna har bollen i sin ägo. Detta innebär att matchen hittills har dominerats av Tyskland som är ett av världens bästa lag och här visar de upp sina kvalitéer. I matchen mot Irland hade Tyskland vunnit med sex mål mot ett och jag undrade om det inte skulle bli lika många mål nu, där jag stod i regnet.

Supportar runt omkring mig diskuterade vilt om vad som var felet och några ansåg att Hamrén var starkt ifrågasatt av supportrar. Det var irriterade miner och diskussioner överallt och många var rejält besvikna. Jag gick mot kiosken och mötte Glenn Hysén någonstans i trängseln och många köpte öl och korv i pausen. Alla rusade runt och skulle färdigställa sina behov före matchen började igen.

Jag tänker över situationen och inser att detta kan bli storförlust och det kommer det säkert att bli, men det var ju det som jag hade trott. Men det kanske kommer att bli förnedring och det var inget som jag ville skulle hända. Men efter den tyska dominansen på planen så kunde jag inte tro något annat. Det var bara att hoppas att det inte blev ytterligare tre mål i baken. Det vore ju pinsamt, inte ens jag som hade trott på förlust ville inte ha en förnedring av den sorten. Jag tittade på röran och alla människor framför mig och Michael var någonstans i mängden. Christer och Magnus hade jag inte sett till men de sörjde väl någonstans.

Snart var det dags att dra sig tillbaks till våra platser efter att ha hittat och pratat en del med Michael och sörjt situationen, jag var lite nedsatt det måste jag säga och såg inte fram emot det spelande Tysklands skicklighet. Men det var dags att ta nya tag för nu drog det igång igen. I 49 minuten började vi svenska supportrarna att sjunga *stå upp vi är gul och blå stå upp vi är gul och blå* vilket kändes bra i detta läge även om situationen kunde se ljusare. Vi tog nya tag och kämpade vidare. Precis när vi sjungit klart fick Özil och Möller en väldigt farlig chans mot vår svenska målvakt Isaksson, men han klarade situationen som tur var. Annars tyckte jag bägge lagen hade boll och de hade de också. Tyskarna anföll men snart hade Sverige bollen och anföll.

55 minuten

Tomas Möller, nummer 13 fick bollen från mittcirkeln ut på högerkanten och sprang snabbt framåt mot Sveriges målområde. Precis vid straffområdets högra sida tog han sats och gjorde ett inlägg som la sig framför det svenska målet på den vänstra sidan, och där stod Mesut Özil och sparkade in bollen vid höger stolpe. Det stod nu 4-0 till Tyskland efter Mesut Özil mål, Mesut Özil, vars namn repeterades tre gånger av den tyska publiken. Stämningen var nu väldigt låg i den svenska skaran och två supportrar som stod till vänster om mig avlägsnade sig och jag såg dem aldrig mer igen. Frågan är om de lämnade arenan i ren bitterhet. Jag kände att nu försvann lusten att titta och jag fick en flackande blick över arenan, men att gå därifrån skulle jag aldrig göra. Jag hade ju ställt in mig på en förlust så att det var ju inget konstigt med det, men roligt var det inte! Jag förstod att detta kunde sluta hur som helt och matchen var ju långt ifrån över vilket troligtvis innebar ännu mer mål i baken för Sveriges del. Men det var bara att samla ihop sig och fortsätta att titta på matchen, Sverige hade ju i alla fall bollen mycket mer än i först då vi var helt utspelade.

62 minuten

Så smällde det till och Kim Källström spelade en hög boll in mot Zlatan som nickade in bollen i det tyska målet. Zlatan tog bollen från det tyska målet och sprang in mot mittcirkeln för att snabbt få igång matchen igen. Men vad var det som hände egentligen? Jag fattade inte riktigt, det blev bara ett svenskt mål helt plötsligt, det som var omöjligt hade hänt. Jag sträckte mig och vinkade lite lamt med ena armen, detta var ju bra men ändå kändes det inte som man vaknat till riktigt. Ja, ja men det blir nog inget mer, tänkte jag fast visst var det en helt annan match än den jag hade sett de först minuterna. Det kändes skönt med ett mål för Sverige även om det bara skulle bli ett tröstmål.

64 minuten

Svenskt anfall och Neuer tvingades att boxa ut bollen från straffområdet. Bollen gick ut på högerkanten och det blev ett inkast som Zlatan tog. Snabbt hittade han Källström som slog ett inlägg mot Mikael Lustig som befann sig i straffområdet vid den högra tyska stolpen. Han sprang snabbt och sköt mot den tyska målvakten som fick bollen på benet och den rullade rakt in i mål. Mikael Lustig gjorde mål och Källström serverade i 64 minuten. Tyskarna började busvissla och de svenska supportrarna jublade och kom verkligen igång igen. Matchen hade vaknat till och nu verkade vi vara tillbaks. Plötsligt började även den svenska klacken vakna till och vi hejade: "Sverige, Sverige, Sverige". Vi var tillbaks, alla hade vaknat till och det hade blivit match igen, nu hade äntligen hoppet kommit tillbaka. Denna gång orkade jag lyfta armarna ovanför huvudet i glädje och alla svenskar jublade över målet som kom så hastig.

Inne i den 70 minuten var det full match och bägge lagen gav och tog i form av anfall och försvar hela tiden. Det kommer chanser och Sverige kändes mycket bättre nu och tyskarna hade vaknat till och var en aningen stressade kanske. Detta såg mycket bättre ut och Sverige med Zlatan var i bästa form helt plötsligt.

75 minuten

Svenskarna spelade i mitten av planen fram och tillbaks. Plötsligt kom det en boll i djupled på den vänstra kanten mot tyskarnas sida och Alexander Kacaniklic började springa. Det gick snabbt och han var snart uppe vid straffområdet och signalerade för hjälp. Han kom ikapp bollen vid kortlinjen och spelade tillbaks in i straffområdet mot Johan Elmander. Elmander la ett skott och gjorde mål, svenskarna jublade och vi på den svenska supporterläktaren jublade. Alla hade vaknat till och de flesta var lätt euforiska över att änligen gjort ännu ett mål. Matchen hade verkligen blivit het, endast ett mål ifrån och vi kunde komma ikapp, den möjligheten fanns verkligen. Tyskarna hade stagnerat, de hade allt blivit lite knäckta, ansåg jag. De trodde att matchen var slut efter 4-0 och det trodde jag med men en match var aldrig slut förrän den var slut och det visste vi ju. Detta ingick i spelets regler och hade man väl lagt sig till med latsidan så kunde det vara väldigt svårt att komma tillbaks igen och särskilt alla i en grupp.

Tyskarna verkade ha skärpt till sig och gick till motanfall, de låg vid straffområdet och försökte finna vägar för att få bollen i mål. Men Sverige var långt ifrån fallet, tvärtom de hade fått fart med all medvind och hittat nya krafter. Jag stod på läktaren och tittade tillsammans med de andra svenska supporters runt omkring mig och alla var medtagna av framgången av de tre sista målen. Det stod nu plötsligt 3-0 till Sverige i denna andra halvlek mot mästarlaget Tyskland, även om vi låg ett mål under.

I den 81 minuten hade Tyskland haft flera skarpa anfall och de hade verkligen blivit bollskickliga igen med fina passningar och farliga anfall. Målchanser dök upp då och då, jag kände att det kunde bli ett tyskt mål snart igen.

84 minuten

Granqvist nickade hem bollen och Isaksson tog i bollen med lätt besvär för att göra ett hastigt utskott som landade bortom mittcirkeln där Zlatan klackade bollen vidare mot tyska målet och det blev Elmander som med kraft sprang efter och drabbade in i den tyska målvakten. Elmander fick bollen och spelade bakåt till Tobias Sana som sköt över ett öppet mål och Zlatan stod precis bakom. Det gick en djup suck i det svenska lägret.

Jag kände att det inte var någon slump att Sverige fick ytterligare en chans, de var duktiga på kontringar och tog ibland vara på de chanser som de fick. Hoppet steg och spänningen var stor och det kändes att det jagades en kvittering, men det var inget jag vågade hoppas på för att det kunde lika gärna bli 5-3 när som helst.

Tiden gick och matchen var nästan över och det märktes att tyskarna börja maska lite och den del gula kort delades ut av domaren. Jag tänkte att det nu är det över, detta kommer att bli slutresultat för det var ju trots allt väldigt svårt att göra mål mot ett Tyskland som inte ville det. Jag såg de sista minuterna närma sig och det blir förlängning med tre minuter.

92 minuten

Svensk målvaktsinspark och Kim Källström nickade vidare från mittcirkeln till Zlatan som vände upp och gick till anfall. Zlatan spelade till Sana som låg på högerkanten. Sana dribblade och försökte förtvivlat komma fram på högerkanten men tvingades vända och spelade hem bollen till Lustig, som gjorde ett snabbt inlägg till straffområdet. Bollen skarvades till Kacaniklic och till Zlatan som försökte att skjuta. Tyskarna spärrade vägen och bollen studsade hem till vänsterkanten. Källström sprang och hann först, samt la ett direkt inlägg mot straffområdet. En tysk stångades med Zlatan och bollen gick in mot straffområdets centrum, där stod Rasmus Elm och gjorde ett direktskott förbi den tyska målvakten och in vid den vänstra stolpen och det blev MÅÅL. Rasmus Elm GJORDE mål nummer 4 - 4 och Sverige var tillbaka … Underbart! Sverige var uträknade och nu stod det 4 - 4 i något som var omöjligt. Detta var inte sant, vilken match. Matchen var över.

Alla supporters jublade, jag jublade, den tyska publiken var tyst, adrenalinet pumpade i kroppen och det kändes som man var i ett lyckorus. Fredrik Reinfeldt hoppade upp från sin läktarsittplats och Merkel tittade sig omkring, medan de andra tyskarna i delegationen sjönk längre och längre ner i sina stolar. Detta var sanningens minut, detta var bragden i Berlin och de svenska spelarna var sannerligen glada och Elm rusade fram och gjorde flygmaskinen. Det som inte kunde hända hade hänt. Detta var underbart, vilken känsla, vilket lyckorus.

På vår läktare började hejaramsan "Sverige, Sverige, Sverige" aldrig att sina. Runt omkring i Sverige på olika sportsändningar var stämningen mer eller mindre i extas.

På läktaren mitt i olympiastadium

Vi stod kvar på läktaren och njöt av stämningen som var bland svenska supportrar. De tyska hade redan börjat avlägsna sig från arenan, medan den svenska klacken dröjde kvar och ville suga ut det bästa av upplevelsen i Berlin. Vi stod och tittade ut på den olympiska arena.

Efter ett tag fick vi se Zlatan komma upp på Kanal 5:s position bakom målet, framför den svenska klacken. Vi tittade, såg och hurrade. Reportrarna började genast ställa frågor och Zlatan svarade vilket utspelade sig direkt på kanal 5. Se Facebook, "Bragden i Berlin".

Vi stod på läktaren och såg Zlatan prata för fullt utan att höra vad som sades men i efterhand förstod vi att han även tackade de svenska supportrarna som var tillresta, vilket vi var glada för. Jag och Michael höll oss rätt långt upp på läktaren så det var rätt långt kvar till själva planen därnere där alla andra supportrar trängdes om att komma fram för att synas och se bättre. Tiden gick och alla var fortfarande lika nöjda, det hoppades för att hålla värmen, pratades och sjöngs en hel del mellan supportrarna. Glädjen var på högsta nivå och det var som vi vunnit matchen. Efter ett tag med pratande och hurrande så tittade vi ut på planen och reportrarna där Kanal 5 hade sin sändning och gående kom det en man med mycket kort frisyr ungefär samma som jag har, det vill säga väldigt kortsnaggat hår. Det var Sveriges statsminister, Fredrik Reinfeldt. Han ställde sig och blev intervjuad av en mängd reportrar på löpar banorna precis under oss. Detta gjorde ju verkligen händelsen ännu mera toppad när självaste ledningen för landet var i Berlin och tittade på fotbollen. Vi blev mycket glada och ett jubel steg ibland den svenska supportergruppen.

Fredrik Reinfeldt

Vår egen statsminister Fredrik Reinfeldt var på plats i Berlin och var gäst hos förbundskansler Angela Merkel. Klockan 18:30 skulle Reinfeldt och Merkel ha en kort presskonferens och därefter arbetsmiddag. Mötet skulle handla om de dominerande frågorna i Europeiska rådet den 18-19 oktober och det gällde förslaget om en bankunion och ett fördjupat ekonomiskt samarbete. Kanske arbetsmiddagen var inlagd för att den fotbollsintresserade Reinfeldt skulle få vara på plats på Berlins Olympiastadion och bevittna VM-kvalet mellan Tyskland och Sverige.

Under matchen direktsände Kanal 5 Reinfeldts manöver från sittande till att nästan hoppa upp och föra armen ovanför huvudet i en lycklig målgest över att 4-4 målet var ett faktum. Det dröjde inte länge förrän Reinfeldt framträdde i Kanal 5 och detta syntes både ifrån Olympiastadium och svenska tvapparater. För att se hela händelsen rekommenderar jag att gå in på facebooksidan "Bragden i

Berlin" men som författare har jag varit i mejlkon-
takt med både kanal 5 och Fredrik Reinfeldt vilket
resulterat i detta kommande citat.

-	"Bragden i Berlin är ett faktum, för det är
	ingen överdrift. Fredrik Reinfeldt – välkom
	men hit - att kalla det bragd. Från 4-0 till 4-4
	mot Tyskland på borta plan. "
-	"Nej det är klart att det är. I Olympiastadion i
	Berlin, fyra mål på en halvlek, jag vet inte om
	det ens har hänt förut och denna enorma ef-
	fektivitet som det svenska laget visar det är
	helt imponerande, lyckosamma byten, fyra o
	lika målskyttar det är otroligt."
-	"Berätta om hur du känner det!"
-	"Ja som det blir i de här matcherna, jag sitter
	ju då med hela den tyska fotbollens ledning
	omkring mig och delar av den tyska regerin-
	gen och ja, efter en stund så står där tre, fyra
	noll, så börjar de slappna av och prata om
	annat. Det blev ju så, de trodde ju att de var
	hemma, att de hade vunnit och det var kul

om ni fick ett tröstmål så att säga. Så att, och
så den här enorma vändningen framför allt när
4-2 kom. Då var det liksom men vad är det
som händer här, det var ju uppenbart på plan
att det var Sverige som drev på, tyskarna tap
pade sitt tempo, otroligt."

På läktaren efter matchen

De svenska supportrarna ville aldrig sluta sjunga eller gå från läktaren och euforin låg som en tät dimma för de svenskar som befann sig på Olympiastadium i Berlin. Kanal 5 analyserade för fullt. Personligen stod vi högt upp på läktaren och fortsatte suga i oss av den fantastiska stämningen som denna match hade fört med sig. Att se alla lyckliga svenskar och känna stämningen inne på Olympiastadium var enorm. Även att se en fantastisk glad och lycklig statsminister göra sin närvaro på stadium och i pressen. Detta var en fantastisk upphämtning av det svenska laget och adrenalinkicken satt fortfarande i. Det kändes som vi hade vunnit matchen fastän det bara blev oavgjort. Men för vår del var det ändå en vinst att hämta upp sig från detta underläge 4-0 till 4-4 i sista sekunderna mot ett av de lag som var tippade som VM-vinnare, samt att befinna sig i Tysklands hjärta Berlin. Men de gulblå supportrarna skall ha all kredit för de kunde verkligen heja på laget och denna dag var det de svenska 5 000 tusen som men jämna mellanrum utklassade den tyska klacken.

70 000 i publiken med hejarop på sitt lag. Jag och Michael tittade på varandra och började förstå vad vi varit med om, detta var ju en historisk match, kändes det som. I alla fall upphämtningen ifrån 4-0. Fortfarande stod de mest hängivna supportrarna längst fram vid planen och viftade med flaggor och sjöng hejarramsor. De mest spektakulära var två spindelmän som var gul och blå och de såg verkligen ut som två små superhjältar där de stod viftandes med den svenska flaggan. Rätt tidigt hade tyska supportrar samlat in ölglas som det var hög pant på för att lämna in och tjäna en slant. De flesta hade lämnat läktarplatsen men inte vi, vi ville liksom suga in det sista av Olympiastadion i Berlin som ett minne man kunde leva länge på och berätta för sin omgivning någon gång i tiden. Jag var här, jag var på plats då den historiska matchen spelades i Berlin. Jag funderade fortfarande på hur det var möjligt att det svenska laget hade hämtat sig ifrån denna helt klara förlust av ett av världens bästa fotbollslag

nämligen Tyskland, men matchen var inte över förrän den var över och det hade verkligen Sverige lyckats med. De gav aldrig upp och det kan jag helt klart tänka mig att tyskarna gjorde. De tog ut segern i förskott och slappnade av ett tag och det räckte för att ett lag i Sveriges kaliber skulle ta sig framåt och sätta press. För Sverige var bra, Sverige var jättebra.

Efter ett tag till var det dags att ta sig hemåt och vi vandrade ut ur stadion precis samma väg som vi kommit. Det låg i linje med vad den tyska polisrösten hade repeterat ett par gånger i högtalarna. De tackade för att vi kommit och hänvisade oss tillbaka till Alexanderplatz via spårbanan bredvid Olympiastadion. Vi gick mellan tyska fans och allt såg lugnt och fint ut, inga upplopp, elaka ord eller andra tilltag. Efter ett tag kom vi fram till spårvagnen och såg en massa tyskar och en del svenskar försöka ta sig på ett spårvagnståg som redan var fullt. Vi skyndade oss för att se om det fanns plats och jag hade redan gett upp. Men Michael manade på att vi skulle gå längst bort så kanske det fanns plats, vilket det inte gjorde men vi fick hjälp och tryckte oss in i vagnen. Det var oerhört trångt och jag tvivlade på om detta skulle gå, men snart var vagnen på väg in mot Mitte i Östberlin. Efterhand som stationerna dök upp gick folk av vilket var en stor lättnad. Vi fick en del blickar som mest var fyllda av nyfikenhet, men kanske också en lätt irritation över att vi ändå tagit hem matchen så bra som vi gjort. En del hade säkert respekt för de svenska spelarna och hade antagligen inte trott att Tyskland skulle spela lika. Det sista målet kom nog som en chock för tyskarna.

Efter en viss tvekan om vart vi skulle gå av valde vi Friedrichstrasse och jag började gå norrut, men Michael fick total felnavigering i sin hjärna och började gå söderut, helt fel och vägrade stanna. Jag fick formligen springa ikapp honom och hejda honom då han i sin iver bara gick på åt helt fel håll. Efter en del övertalning fick vi vända och satte fart mot några pubar där resten av gänget samlats. Det var dags för eftersnack och samlingen blev vid Shiffbauer damm Strasse, där hittade vi resten av

116

gänget och slog oss ner för eftersnack. Detta varade ett tag men efter anspänningen drog jag mig rätt snart till hotellet för att sova ut.

Onsdag 17 oktober 2012

Vaknade upp till en härlig känsla av frihet och började minnas gårdagens match, detta var dagen då vi skulle flyga hem från Tegel flygplats med Air Berlin igen. Efter lite städning av rummet var det dags för frukost med resten av gänget och denna gång gjorde vi gemensam sak av att äta på den lilla restaurangen allihop. Resten av dagen bestod av väntan på utresetiden med flygplanet. Vi tog taxi ut till flygplatsen Tegel och checkade in och snart var vi alla samlade och väntade efter tullarna. Där fanns även Glenn Hysén och Thomas Wernerson, expertkommentator på SVT sittande på en bänk. De som skulle med var nästan 100 procent killar och den självklara gissningen var att samtliga var fotbollsfans allihop även om de var direktörer eller småsparare som hade sparat ihop till denna resa för hårt inarbetade pengar. Alla gillade fotboll och Sverige.

Det var dags att sätta sig på planet och visa biljetten en sista gång samt få service av flygvärdinnorna på

Air Berlin för att sedan landa på Landvetter och därefter började resan hem till Vänersborg.

Återblicken

Efter att resan blivit av och vi var hemma igen bestämde jag mig för att ställa ett par frågor till mina vänner, det var för att få en återblick på matchen och även lite reflektion av det hela. Jag började med Michael.

— *Vad tyckte du om Tyskland - Sverige matchen?*

— Arenan i Berlin är ju gigantisk. Tyvärr hamnade vi bakom mål och till det andra målet på arenan så är det nästan 150 meter och sju av åtta mål hamnade i "fel" mål för vår del. Jag har varit där en gång tidigare och det var den magiska matchen Sverige-Paraguay i VM 2006 när det var runt 50 000 svenskar på plats!! Det var en del minnen som fick återupplevas. Arenan har ju anor sedan OS 1936.

– *Hur kändes det som supporter under matchen?*

– I halvlek kändes det inte bra. Underläge 0-3
och Sverige var totalt utspelade mot ett av
världens bästa fotbollslag. Någon vändning
trodde varken jag eller någon annan på
läktaren på, utan det gällde att hålla nere
siffrorna. Hamrén stod inte högt i kurs hos
varken mig eller supportrarna man pratade
med i paus. 4-0 tidigt i andra halvlek gjorde
ju inte att hoppet ökade direkt om en vänd
ning. Sedan kom några snabba mål för Sveri
ges del och tyskarna verkade bli nervösa
och drog på sig några onödiga varningar.
Att vi skulle nå 4-4 trodde varken jag eller
någon annan på läktaren. Det var en magisk
kväll att få uppleva på plats. "Undret" i
Berlin! Det uppstod en eufori på läktaren
när det oavgjorda resultatet var ett faktum.
Reinfeldt hälsade på de svenska supportra-
rna i vår kurva. En kompis till mig plockade
pantglas på läktaren och gjorde sig en
mindre förmögenhet på det, nästan så att

fotbollsbiljetten betalade sig. Vi dröjde oss kvar länge på arenan och lämnade den nästan sist innan vi tog S-Bahn tillbaka till stan. Det var riktigt trångt på vagnen hem och tyskarna gratulerade oss svenskar till poängen medan de själva var besvikna. Vi avslutade kvällen med en öl innan det var dags att krypa ner i sängen. Efter matchen var vi hemma sent och det blev inte bättre av att jag Michael gick åt fel håll när jag klev S-Bahn. Svenska fans kunde med gott samvete sjunga "Berlin är våran stad".

— *Hur förberedde ni er inför matchen Michael?*
— Innan matchen så laddade vi upp på Camp Sweden som låg på en restaurang i närheten av Alexanderplatz i gamla Östberlin. Glenn Hysén dök upp och peppade de svenska supportrarna som i gemen inte var så förhoppningsfulla inför matchen. Hamrén stod inte högt i kurs och generellt

var vi pessimistiska innan matchen. Match-
biljetten innebar att vi fritt fick åka tåg, t-
bana och buss gratis i Berlin under match-
dagen. Vi tog t-bana till Olympiastadion och
det var en lång resa och vi passerade ett fler-
tal stationer. Vid stationen mötte vi upp
andra svenska supportrar för en gemensam
marsch till Olympiastadion. I marschen del-
tog ett tusental svenska fans. Det påminde
en del om det som gjordes 2006 men denna
gång var det litet färre fans i marschen. Mat-
chen var mycket väl bevakad av välutrustad
tysk polis. Bemötandet av tyskarna vid aren-
an var mycket gott och vi kändes oss aldrig
hotade på något sätt.

Det känns skönt med återblickar och man kan få
höra saker genom lite andra vinklar, och man kan ju
undra vem den där kompisen var som plockade
plastbägare på läktaren jo det var ju helt klart jag
författaren själv som fick en idé precis som jag fick

med denna bok. Vi kopplar vidare till Christers svar om Bragden i Berlin.

– *Vad tycker du om den historiska arenan i Berlin?*

– Berlinarenan är ingen bra fotbollsarena eftersom det finns löparbanor runt omkring den men är annars är det en trevlig arena eftersom jag har fina minnen från segern över Paraguay i VM 2006 och nu denna 4-4 match.

– *Hur uppförde du dig under matchen?*

– Jag försökte vara med och hjälpa gubbarna så mycket jag kunde fram tills att de släppte in det fjärde målet då satte jag mig ner med armarna i kors och bara tittade ut i tomma intet så att jag reflekterade knappt över att Zlatan reducerade. Jag tänkte att det var väl kul för Mikael och John att de fick se Sverige gör ett mål i alla fall. Efter andra svenska målet ställde jag mig upp igen och började sjunga och stötta så mycket jag kunde.

— Kommer du ihåg något speciellt?
— Den galne gubben bakom oss som slängde
av sig tröjan efter fyra- fyra målet o kastade
sig över oss.

— Vilken var din höjdpunkt på matchen?
— Upphämtningen var grym!

— Vilket var det värsta med matchen?
— De fyra första målen i baken.

— Vad var det bästa med resan?
— Vi fick ihop ett bra koncept med trevliga
gubbar.

— Vad var det sämsta med resan?
— De första 55 minuterna i matchen!

Ja det var korta och raka svar ifrån Christer som är
mest meriterad då det gäller utlandsresor till svens-

ka landskamper och det framkommer ju hur bitter och utmattad man kan känna sig då det blir 4-0 i baken och matchen är slut. Det som tillkännagav denna match var att alla svenskar definitivt trodde att detta var en total förlust och förnedring inför världen och Tyskland. Luften var borta och hoppet med den, alla som såg matchen visste att Tyskland skulle vinna med förfärade siffror! Det var ju en del som till och med gick hem ifrån arenan och som inte fann sig i den förnedring de kanske upplevde med att stå kvar och titta på resten av matchen. Det var säkert en del hemma som i vredesmod bytte kanal och inte orkade se en förnedring av denna sort. Christer satte sig ner och tappade hoppet som ett tecken på hur svårt det kan vara att titta på en match av denna kaliber. Hur det tar på nerverna och hur känslig man är i den hetta som uppstår. Det är inte alla som orkar med de känslorna helt enkelt utan istället tar ett kliv tillbaks in i en tryggare miljö.

Hur gick det nu då?

Efter bragden i Berlin som sent skall glömmas jobbade Sverige på och avklarade match efter match. Det började dock inte så bra i första matchen hemma mot Irland då jag satt på läktaren i Solna. Irlandsmatchen blev av i ett mycket kallt Stockholm med flera minusgrader och snö utanför arenan och därför beslutades det att matchen skulle spelas med arenataket på i Friends Arena. Tyvärr var spelet allt annat än bra och de över 49 000 på läktarna var nog besvikna efter matchen. Framför allt för att det skapades så lite framåt av både Sverige och Irland. Irländarna med förbundskapten Trappatoni, kom till Sverige för att ta ett poäng och lyckades också med det.

Matchen i Wien var mycket viktig och Sverige var tvungna att koppla grepp om andraplatsen i VM-kvalgruppen. Efter en pigg inledning av Sverige så kopplade Österrike grepp om matchen genom att göra två mål därefter förmådde inte Sverige komma tillbaka in i matchen. Förlusten mot Österrike tvingade Sverige att vinna hemma mot Färöarna, vilket vi också gjorde och ingen annan hade förväntat sig något annat heller.

Mot Irland borta så var Sverige tvungna att vinna för att ha en realistisk chans att nå VM via playoff. Irländarna tog ledning i första halvlek men Sverige lyckades vända det i andra halvlek med två mål. Anders Svensson gjorde det avgörande målet. Irländarna var mycket svaga i andra halvlek och stod för flera hårresande felpassningar.

Kazakstan väntade i nästa match på bortaplan i den konstgjorda huvudstaden Astana. Matchen avgjordes på konstgräs mycket sent kazakisk tid. Sverige gjorde mål i redan i den första minuten genom vår Zlatan. Det resultatet stod sig hela matchen ut. I och med dessa två raka bortasegrar hade Sverige avgörandet i egna händer att nå playoff till VM vid vinst mot Österrike hemma. Sverige lyckades vinna denna match med 2-1 efter att ha vänt ett underläge på 0-1 till seger. Kim Källström slog en fantastisk passning till Zlatan som satte bollen i mål och som säkrade definitivt playoff och den sis-

ta hemmamatchen mot Tyskland blev betydelselös.
Denna gång gick det dock inte att stå emot våra
tyska grannar utan matchen blev tre mot fem och
förlust på hemmaplan.

2012:

11 september: Sverige-Kazakstan	2-0
12 oktober: Färöarna-Sverige	1-2
16 oktober: Tyskland-Sverige	4-4

2013:

22 mars: Sverige-Irland	0-0
7 juni: Österrike-Sverige	2-1
11 juni: Sverige-Färöarna	2-0
6 september: Irland-Sverige	1-2
10 september: Kazakstan-Sverige	0-1
11 oktober: Sverige-Österrike	2-1
15 oktober: Sverige-Tyskland	3-5

Källa: (Wikipedia).

Sluttabellen i VM kval mot världsmästerskap i Fotboll 2014, Grupp C

Tittar man på Fifas rankningslista av lagen är Tyskland på plats nummer två i världen och före dem är endast Spanien raknade som nummer ett. Att Sverige då skulle kunna slå Tyskland verkar ju nästan orimligt med tanke på detta världslag. Sverige är i december rankade till 27 placering och det är en bra bit kvar till toppen. Österrike är placerad på 46 plats, Kazakstan ligger på 142 i placering, Färöarna på 153 plats och Irland hittar jag inte alls. Alltså stämmer resultatet med placeringarna av lagen enligt ranking. Vi tar en koll på sluttabellen i Grupp C för att klarna minnet lite och rankningen är slående lik de positioner som man fått i tabellen. Kan man då utgå ifrån att rankningen har ett vältalande språk och att man kan snegla på denna för att få en bra värdegrund för hur framtida matcher skall gå.

Sluttabellen grupp C

Tyskland	10	+26	28
Sverige	10	+5	20
Österrike	10	+10	17
Irland	10	-1	14
Kazakstan	10	-15	5
Färöarna	10	-25	1

Källa: (Wikipedia).

Playoff

Med detta resultat så hade Sverige gått vidare mot playoffspel och detta kändes väldigt bra ända tills lottningen mot Portugal framkom. Detta var ju en rysare som man inte såg fram emot att möta. Ronaldo som i nuvarande läge blev ett monster mot de svenska riddarna var inget lätt motstånd. Men det var väl ändå giganternas match Ronaldo mot Zlatan som kom till stort att avgöra resultatet. Det gjordes totalt sex mål varav fyra av Ronaldo och två av Zlatan. Som en engelsk kommentator sa att Ronaldo "Have killed the Swedish Dream" och det gjorde han med besked också. Men det svenska motståndet var starkt och jag vet att vi hade många med oss i denna kamp om att få gå vidare i VM. Höjdpunkten var dock när Zlatan lägger frispark och sätter bollen i Portugisiskt mål med siffrorna två för Sverige och ett mot Portugal och det skedet var vi nog närmast att få delta I VM i Brasilien. Det tog inte lång tid förrän just Ronaldo snabbt tog musten ur den drömmen och skapade resultatet, två svensk mål mot tre Portugisiska. Detta var dödsstöten för våra svenska drömmar om att få komma till Brasilien i VM. Vägen blev lång och till slut för svårt att forcera. Vi hade otur med lottningen i Playoff som fick möta Portugal.

Möte 1 15 november   2013
Portugal – Sverige   1-0   Lissabon

Möte 2 19 november   2013
Sverige- Portugal   2-3   Solna

Frågan är om vi hade otur i lottningen eller om vi skulle klarat oss bättre mot något annat lag? Personligen så tror jag att vilket annat lag som helt hade kunnat ge oss bättre fördel men just Ronaldo blev för mycket. Men låt oss titta på rankningen hos playofflagen.

Ranking den 17 oktober för de lag som gick till playoffen.

Portugal	14
Grekland	15
Kroatien	18
Ukraina	20
Frankrike	21
Sverige	25
Rumänien	29
Island	46

Källa: (Wikipedia).

De fyra bästa lagen lottades mot de fyra sämsta vilket innebar att vi skulle kunna mött Grekland, Kroatien eller Ukraina. Lotten föll dock på Portugal! Ja i detta skede så känns det som att vilket som helst av dessa lag hade varit bättre än mot Portugal, men det kommer vi aldrig att få reda på utan denna gång får vi följa VM på avstånd i Brasilien. Tyvärr utföll lotten på Portugal med Cristiano Ronaldo i

spetsen. Det var värsta tänkbara lottning på för-
hand. Övriga länder kändes mer som möjliga att slå
över två matcher. Portugal har inte bara Cristiano
Ronaldo i laget utan flera andra bra spelare som
finns i de stora europeiska topplagen. Sverige har ju
inte samma bredd som Portugal. Även om både
Zlatan och Ronaldo är toppspelare så verkar det
som att Ronaldo var snäppet vassare vilket avgjorde
resultatet.

Avslut

Jag har därmed förmedlat och gett min personliga upplevelse och bild av Bragden I Berlin men jag hoppas också att alla andra svenska supportersminnen sammanfaller någonstans på vägen och gör denna bok till en påminnelse av matchen och Sveriges väg i VM-kvalet 2014.

Jag tackar Michael, Christer och Magnus för att varit med och organiserat denna upplevelse samt alla som försöker lyssna lite på mig då jag beskriver mitt arbete och mina problem som uppstår i samband med skrivandet.

Detta är från början en idé som ingen trodde på och kämpar man i motvind så kanske man kommer fram ändå till slut, jag hoppas att det blir lättare att skapa, och stödja kreativa idéer och entreprenörskap.

Facebook

"Bragden i Berlin, VM kval 2012 Sverige Tyskland 4-4, och en bok"

Här finns det en hel del i tidslinjen att titta på och mitt råd är att se på matchen igen eller återblicka ifrån olika kanaler och artiklar. Jag försöker lägga upp allt som kan vara aktuellt. Alla som vill är naturligtvis välkomna att gilla sidan och skriva några ord om sina minnen om matchen eller kommentera något i allmänhet

Med Vänliga Hälsningar
John Cardesjö

Källor

http://www.fifa.com/worldranking/rankingtable/index.html

http://sv.wikipedia.org/wiki/Grupp_C_i_kvalspelet_till_v%C3%A4rldsm%C3%A4sterskapet_i_fotboll_2014_(Uefa)

http://www.sbsmediagroup.se/pressrum/

FSC
www.fsc.org
MIX
Papper från
ansvarsfulla källor
Paper from
responsible sources
FSC® C105338